＼子どもが個性を輝かせるために親ができること／

学びを選ぶ時代

はじめに

2020年、新型コロナウイルスの影響により、全国各地の多くの学校が子どもたちの登校をやめさせ、自宅学習に切り替える措置をとりました。これにより、自宅でのオンラインによる学習、始業と終業を強いるチャイムのない中での自主学習など、子どもたちの学習スタイルが大きく変化したことでしょう。

また、大人も在宅勤務が推奨され、家の中で子どもと過ごす時間が増えたご家庭が多くありました。一緒に料理やお菓子作りをしたり、工作をしたり、ゲームを考えたり――こうした活動を通して、机に向かって行う学習以外にもさまざまな場面で子どもが学びを得ていることを実感された親御さんが多かったことでしょう。

そうした中で、毎日決まった時間に登校し、30人ほどが集まるぎゅうぎゅうの教室で一斉に授業を受けるといった、これまでの学校の在り方に疑問を抱いた方もいらっしゃったのではないでしょうか。また、通知表の成績はいつもよくないけれど、家で工作をすると非常にユニークな作品を作るところがあるなど、管理教育のもとでは見えなかった子どもの個性に気付くこともあったかもしれません。

皆さんは、公的に認められた教育（公立、国立、私立の学校教育）以外にも、日本にはさまざまな学びの場があることをご存じでしょうか。民間が運営しているものの例として、主に不登校の子どもの学びをサポートするフリースクール、独自の教育理念やスタイルを特徴とするオルタナティブスクール、日本に住む外国籍の子どもたちのために発展してきたインターナショナルスクール、家庭を拠点にして学び育つホームエデュケーションなどがあります。

フリースクール等の連携は、以前から全国、各地域で行われていましたが、東京都内でも、このようなさまざまなスクールや学びの場が連携し、２０１９年11月「東京都フリースクール等ネットワーク」（以下、ＴＦＮ）が設立され、教育の選択肢を広げる動きが活発になっています。

「公教育以外の学びの場」というと、学校に馴染めなかった子どもたちが行くところ、というイメージがまだまだあるかもしれません。しかし、公教育以外の学びの場が必ずしもセカンドチョイスというわけではありません。「子どもの個性を伸ばしてあげたい」「自由な環境で学ばせたい」といった考えを持ち、そうした考えに合うスクールを最初から選ぶ親御さんが増えています。

一番イメージしやすいのはインターナショナルスクールでしょうか。もともとは外国籍の子どもたちのために作られた施設ですが、現在では教育の国際化・多様化にともなって、日本人でも入学できるスクールが増えています。子どもに国際感覚を身に付けさせたい、英語力を付けさせたいと考える親御さんが入学を希望されることが多いでしょう。

子どもの個性や、子どもを取り巻く環境、また社会全体が多様化している現代において、学習指導要領に基づいた一斉授業が行われる学校一択で子どもの教育を考えることは、時代にそぐわないのではないでしょうか。

大学受験をする頃には、本人が自分の意思で学びたいことや学ぶ場所を選ぶことができると思いますが、まだ幼い子どもが自分ひとりで小学校や中学校を選ぶのはなかなか難しいでしょう。ですから義務教育の段階では、親御さんが我が子の個性や特性を見極めて、子どもが学びの場を選ぶ手伝いをしてほしいのです。これは決して、スパルタパパ・ママになってほしいという話ではありません。子どもの性格や特性などを見て、我が子が個性を発揮して楽しく学ぶことができる場はどこなのかを考えてほしい、ということです。

なかには、どんな社会においても生き抜く力を育むことができるような素晴らしいスクールがたくさんあります。しかし、こうした公教育以外の学びの場については まだまだ情報が少ないのが現状です。本書では、さまざまな学びの場を紹介することで、こんなにも多様な選択肢があるのだということ、また実際にそういったスクールに通う親子の体験を知っていただきたいと思っています。そして、より自由に、より前向きに子どもの教育を考えていただくきっかけになれば嬉しいです。

目次

第2章 「学びを選ぶ」って、どういうこと？

第3章 ユニークな学びの場を紹介！

第４章　多様な学びを後押しする教育機会確保法の成立

第５章　私たちが実現したい未来

第1章

なぜ今、「学びを選ぶ」ことが必要なのか

将来が不確実な時代に求められるもの

小学校、中学校、高校、そして受験を経て、いい大学に進学し、有名な大手企業に就職すれば人生安泰。結婚してマイホームや子どもに恵まれれば文句なしの幸せを手にできる――日本のバブル期頃までに見られたこのような成功法則は、もう保証されない時代となりました。今の時代においては、一流大学に入ったからといって有名な企業に就職できるわけではないし、どんなに有名な企業であってもリストラや買収にあう可能性があります。とても将来安泰だなんて気楽に構えることができない時代です。

バブル期頃までは、企業では終身雇用・年功序列が前提で、就職に際しては、とにかく学歴が求められました。人間の社会的地位や評価が学歴によって決まる、いわゆる「学歴社会」です。日本に学歴社会が広がっていったのは戦後のこと。貧富の差に関係なく全ての子どもたちが学べるようにと現在の学校制度が整ったことで、誰もが大学に進学するチャンスを手にしました。さらに、高度経済成長により国民の所得が増大したことで、多くの人々が大学進学を目指すようになり、激しい受験競争へとつながっていきました。

戦後の高度経済成長期は、皆が物質的な豊かさを追い求めていました。「作れば売れる」時代であり、大量生産が前提。そうした状況下で、標準的な知識と技術を詰め込む画一的な教育が行われてきました。「個性」は不必要なものとして封じ込められ、皆が前ならえで同じように行動できることが重視されていたのです。しかし、物質的な豊かさが飽和し、ＩＴ化やグローバル化が進んだ現在では「個性」が重視されるようになりました。高度経済成長期には「余計」とされていたものが、今求められるようになっているのです。

今、多くの企業では「人手不足でありながら、人材が余っている」という状態が起きています。ＡＩ（人工知能）の目覚ましい進化により、企業は定型的な業務の多くを自動化させ、新たなサービスや試みに取り組もうとしています。そうした流れの中では、今後ＡＩを導入・運用するために必要なシステム開発やシステム運用などの業務が増えていくでしょうし、ＡＩを活用した新しいサービスが誕生していくことも予想できます。こうした仕事ができる人材が求められています。しかし、従来型の業務しかできない、変化に対応できない人たちは、企業にとっては不要になってしまっているのです。

では、ＡＩのシステム開発の仕事に就けば30年後安泰なのか――そういう単純なことではありません。これからの時代がどのように変化していくのかは誰にもわかりません。今は想像もつかないような新しい職業が誕生する可能性だってあります。どんな社会になっていくかわからないけれど**「これからの時代を生きていく力」が必要です。**

そうした先の見えない、正解のない時代を生きていくうえでは**「自己決定力」「創造力」「違いを尊重し合う力」といった力が求められるでしょう。**

人生は自己決定の連続です。敷かれたレールの上を進めば幸せになれる時代が終わった今、自らの意思で選び決める力はとても重要になっています。子どもの将来を心配する余り、先回りで常に安全な道を用意してあげてしまう大人が多いのですが、それは子どもの自己決定力を育む機会を取り上げていることにもなります。ずっと受け身で生きてきた人が、いきなり進路や就職先を自分の意思で決めることは難しいものでしょう。

自己決定力を身に付けるには、**「自分で決める」という経験を積み重ねる**しかありません。子どもには、「何をして遊ぶのか」「どの服を着たいのか」といった日常的なところから、自分で選び決めるようにさせてあげることが大切です。一つひとつは些細な決断かもしれませんが、それを積み重ねることが「自己決定力」につながっていくのです。

次に「創造力」です。大量生産の時代とは異なり、今は新しいサービスや価値を創り出していくことが求められています。新しいものを生み出す時には、1+1=2のように確実な答えがあるわけではありません。正解がひとつだけでない課題に対し、どのように考え、どうやって答えを出すのか——これからはこうした力が必要になっていきます。

これは、たくさん知識を詰め込めば身に付くというわけではありません。興味関心があることなどについてさまざまな情報を収集し、取捨選択をしたり組み合わせたりして考える、というプロセスを身に付けることが大切です。創造力も自己決定力と同じで、**経験を繰り返し積み重ねることで育むことができる**力なのです。

そして、「違いを尊重し合う力」。人はそれぞれ「違い」ます。本来それは国籍などに関係なく「当たり前」のことなのですが、日本人は戦後の教育により「周りの人と同じ」ことを求められてきました。そのため社会の規律を厳しく重んじ、

「みんながそうしているからそれが『普通』」としてきたのです。

しかし世の中がグローバル化し、言語や文化、考え方の違う海外の人たちとかかわっていく中で、私たちは違いを認め尊重することの重要さに、必然的に向き合うことになりました。人権の問題、民族の問題、障害の問題——そして最近ではＬＧＢＴＱなど、性の多様性を認めようという動きになっています。**「普通」とか「普通じゃない」といった考えは改まってきています。** 物事に対する感じ方、表現の仕方、理解力、ペースなどは人によってそれぞれ違う。違っていいし、違うからこそ素晴らしいのです。

日本の学校制度は時代遅れ

では、現在の教育は、子どもたちの「個性」を伸ばし、「自己決定力」「創造力」「違いを尊重し合う力」などを育むのに十分な教育になっているでしょうか。

「創造力の獲得」については、教育の重点として取り上げられるようになっており、２００６年に改定された教育基本法の前文には「豊かな人間性と創造性を備えた人間の育成を期する（後略）」と定められ、「創造性」という言葉が記載されました。しかし、学校現場においては、それが反映されているとは思えないのが実状です。チャイムで区切られる時間割、一斉授業、集団行動、制服の着用などの制度は、昔の管理教育から変わっていません。管理教育とは、学校や教員が定めた規則や手段で子どもたちを管理する教育の仕方で、基本的に指導・命令下による集団行動の徹底に重きを置いています。１９６０年頃からの高度経済成長により産業構造が変わり、高学歴社会化が進み、学校では点数競争が激しくなっていきました。小・中・高・大と進学する人数が増えていく中で、ありとあらゆるルールで子どもたちの行動を管理する管理教育は、大勢の子どもたちを一斉に指導するためには効率がよかったのです。ただ、「みんな足並みそろえて」といった環境では、子どもたちの自主性は育たず没個性化しやすいのは当然です。

遅刻してはいけない、宿題は必ず提出しなければならない、学校の行事には参加しなければならない、制服を着なければならないなど——こうしたあらゆるルールが、「個性を認める」という現代の風潮にそぐわないのは明らかでしょう。

何でもかんでもただ上から抑えられるだけでは、子どもたちはストレスを抱えてしまいます。実際に1970年代から、子どもたちが学校や教師に反発して校内暴力が生まれたり、いじめが広がったりしていきました。学校がストレスフルな空間となれば、子どもたちは、緊張する、疲れる、楽しくない、怖いといった気持ちを抱え過ごさなければならず、次第に「学校に行きたくない」という子が出てくるのは当然でしょう。ただ、この頃には、学校信仰・学歴信仰が日本の社会全体に広がっていました。「子どもは学校に行くべき」といった見えない圧力があり、「行きたくなくても行かなきゃ」と思って苦しむ子どもたちが増えていったのです。戦後の日本では、学校は子どもが教育を受ける権利を保証する場として、「みんなが行けるところ」として、明るい意味を持っていました。それが、いつのまにか「みんな行かなければならないところ」という義務・強制の意味が強まっていったのです。

【図表1-1】不登校者数（平成30年度）

学校	全児童生徒数	不登校者数	不登校者数割合	前年度比
小学校	6,451,187人	44,841人	0.7%	28.0%
中学校	3,279,186人	119,687人	3.6%	9.8%
高校	3,242,065人	52,723人	1.6%	6.2%

出典：「平成30年度 児童生徒の問題行動・不登校等生徒指導上の諸課題に関する調査結果の概要」（文部科学省）（https://www.mext.go.jp/kaigisiryo/content/000021332.pdf）・通信制高校ナビ ウェブサイトを元に著者作成

増え続ける不登校

こうして問題になったのが不登校の増加です。文部科学省のデータによると、不登校の数は年々増加しており、平成30年度時点では小学校で4万4841人（全体の0・7％）、中学校で11万9687人（全体の3・6％）、合わせて16万4528人（全体の4・3％）に上ります。

文科省の定めにより、不登校として数えられるのは「1年間に合計30日以上学校を休んだことがある人・休んでいる人」となります。しかし、日本財団の調査によると、不登校としては数えられていないものの、不登校傾向の中学生は実際この3倍ほどいる、といわれています。そうなると約36万人（全体の9・1％）の中学生たちが「学校に行きづらい」状態にあるということです。小学生においても、不登校傾向の人数を含めれば、学校に馴染んでいない子どもたちの数はもっと多くなります。小学生の場合は、不登校者数の割合が前年度比で28％も増加していることにも目を向けるべきでしょう。

「どうして学校に行けないのか」と考えると、「いじめ」のようなわかりやすい理由が真っ先に思い浮かぶかもしれません。先ほども述べたとおり、1970年頃は校内暴力やいじめなどが原因であることが多かったのですが、今現在はどうなのでしょうか。次の図表は、不登校の子どもに向けて実施したアンケート結果の一部です。「あなたは、どうして学校に行かなくなりましたか？」という質問に対し、3つまで丸をつけるようになっています。

【図表 1-2】「あなたは、どうして学校に行かなくなりましたか？」アンケート結果

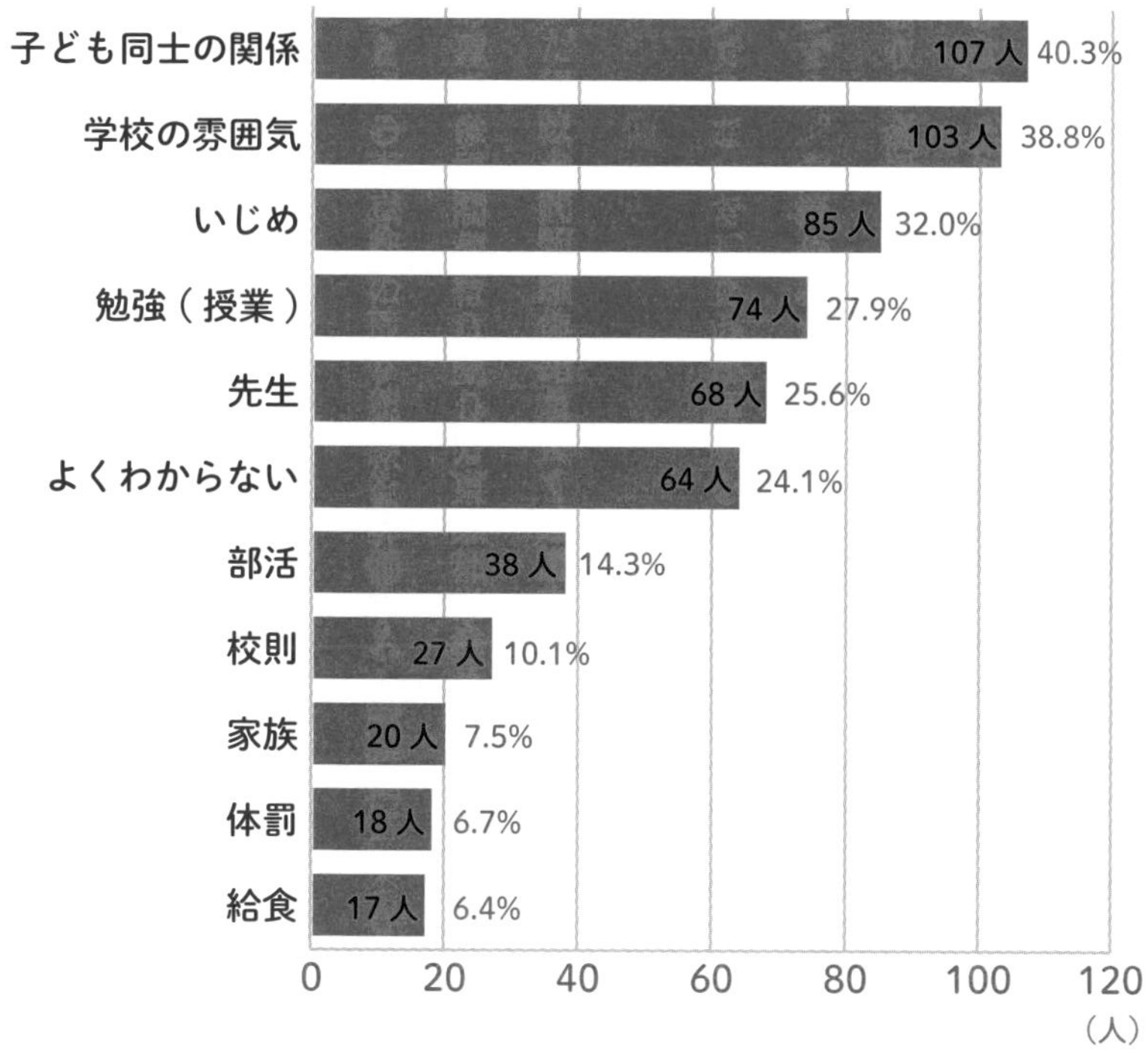

出典：奥地圭子『明るい不登校 創造性は「学校」外でひらく』を元に著者作成

注 1：学校の先生や教育委員会を通して集計されたデータは、大人目線であるため子どもの実態とずれている場合が多い。そのため、フリースクールの東京シューレの子どもたちが自分たちで全国の不登校の子ども向けに実施したアンケート結果を掲載しています。

注 2：総数 265 人の内訳は小学生 42 人、中学生 94 人、高校生 129 人。

総数265人のうち、第1位は「子ども同士の関係」で107人（40・3％）、第2位は「学校の雰囲気」で103人（38・8％）、第3位は「いじめ」で85人（32・0％）でした。子どもの多くは、学校の人間関係に悩み傷ついたり、何でもルールで管理されている学校の雰囲気に違和感、疑問、ストレスを感じたりして、通学が苦しくなり不登校に至っているのです。

また、このアンケート結果の中に、「よくわからない」と回答している人が64人（24・1％）いることにも注目すべきです。理由のわからない不登校もあるのです。教師や親は「どうして登校しないのか」と子どもに根掘り葉掘り聞こうとしますが、それは「不登校というよくわからないものに対して、理由を知って自分が安心したいから」ではないでしょうか。**子どもからすると、うまく言葉にして説明できないことや理由を聞かれ続けることは、不登校を責められているような気がして苦しいのです。**

不登校の子どもたちの中には、朝になると頭痛、腹痛、微熱、嘔吐、じんましんなどの身体症状が出る子も多くいます。これは、子ども本人が意識のうえでは「学校に行かないといけない」と考えているが、何らかの事情で行きたくない、行かれそうにない時に、身体が登校への拒否感をあらわしている状態なのです。こうした症状は心理的に起きているので、本人とその周囲の大人たちが学校を休むことに肯定的であれば、身体症状も消えていきます。しかし、たいてい周囲の大人たちは「体調が戻ったらまた登校するよね」と考えており、本人も「治ったら登校しなきゃ」と思っているため、身体症状が長引いてしまうのです。

このように、多くの大人は身体症状が出ている場合は「体調が治ればまた登校できるだろう」とか、不登校の原因がいじめなのであれば、「いじめがなくなればまた学校に行けるだろう」と考えがちです。そう、つい最近まで長い間、不登校の子どもに対しては「どうすれば学校に行かせられるか」といった、「学校復帰」を前提とした対策が練られてきたのです。毎朝親から出欠の連絡をする、来ていないと空き時間や休み時間に先生が家までお迎えに行く、親に車で送ってもらい校門に一歩入ることで出席にしてもらう、教室に入れないなら保健室登校などの別室登校を勧められるなど。しかし、あの手この手で登校させようとすることは、子どもを苦しめ、どんどん追い詰めていくことになるのです。

近年メディアでも大々的に取り上げられるようになったのが、9月1日の子どもの自殺問題です。次の図表は、18歳以下の自殺者数を日別に表したものです。突出しているのは、9月1日前後。つまり夏休みが終わり、2学期が始まるタイミングです。次に多いのは、春休みが終わり新学期が始まる時、その次はゴールデンウィークが明ける時です。つまり、子どもの自殺が長期休み明けに集中しているのです。

長い間、いじめがからんだ自殺が多かったため、夏休み明けの自殺問題についても、「いじめをなくそう」といった議論がほとんどでした。しかし、根本的な解決策はそこなのでしょうか。先ほどの図表1-2にあったように、不登校の理由はさまざまです。**一番の問題は、「学校はどんなことがあっても行くべきところだ」という価値観や仕組み**ではないでしょうか。学校に行くことが苦しい時、

【図表 1-3】18 歳以下の日別自殺者数

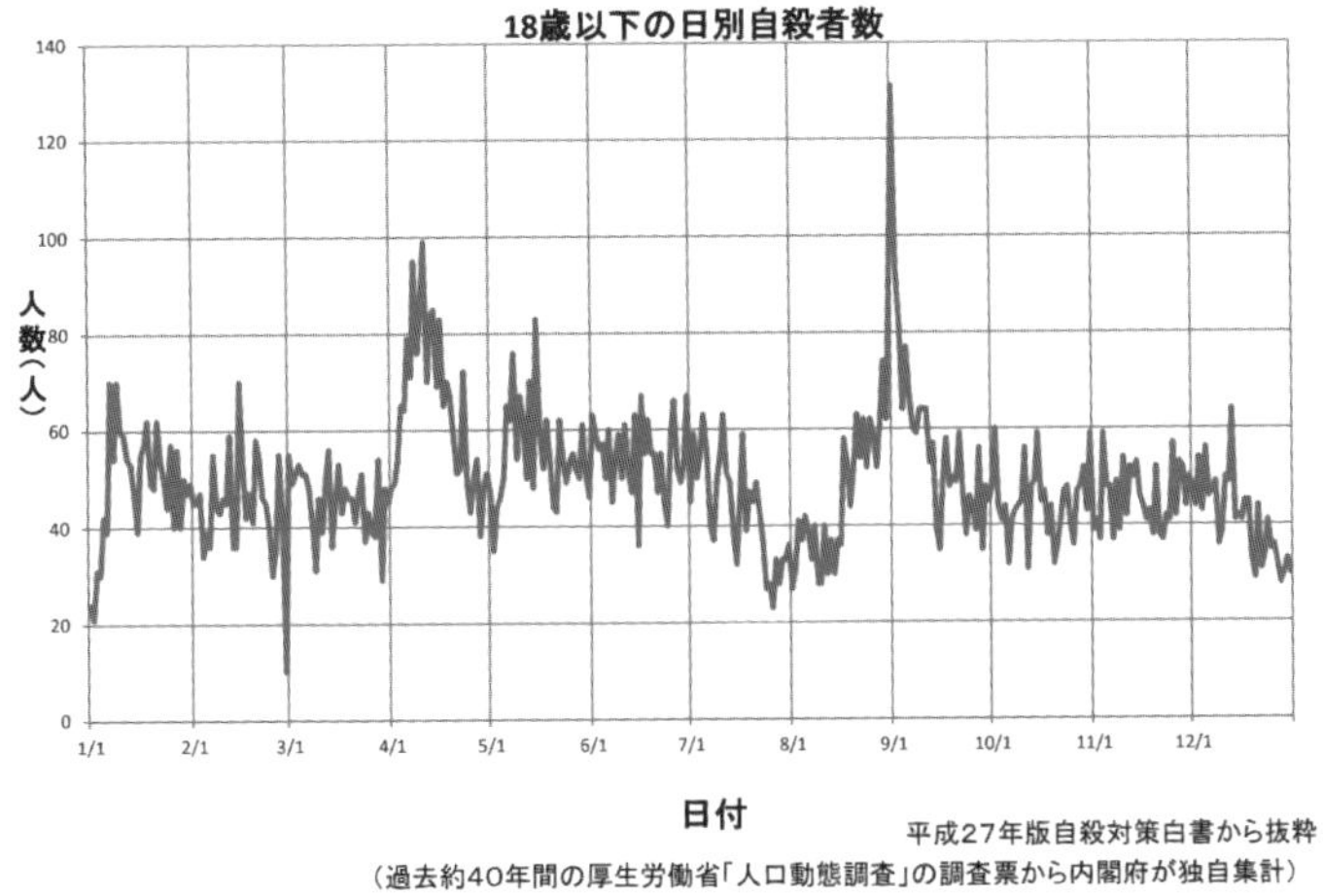

出典：「18 歳以下の日別自殺者数（平成 27 年版自殺対策白書（抄））」（文部科学省）（https://www.mext.go.jp/content/20200824-mext_jidou01-000009294_011.pdf）

学校を休むことや、学校に行かないことをもっと肯定的に選べる社会であれば、子どもたちが自殺するほど追い詰められることもなくなるでしょう。

子どもに合った学びを選べる自由と多様性のある社会へ

年々増加する不登校者数、そして長期休み明けの学校が始まるタイミングでの突出した自殺者数――これらを見ると、不登校の本当の問題は、子ども本人や学校にあるというよりも、子どもたちと現在の学校制度の間にミスマッチが生じていること、そしてそれを生じさせている社会にあるのは明らかではないでしょうか。子どもの命よりも大切なものなんてありません。そして、制度は人が作っているものであり、変えていくことができるものです。**子どもと学校制度の間にミスマッチがあるのであれば、制度を変えていく必要があると**思います。

なかには、「いい学校をつくっていけば不登校は解決するんじゃないか」という意見もあるのですが、どんなにいい学校をつくっても「全ての子どもたちに合う」ようにするのは不可能です。ですから、**今の学校に行きたくないと思った子どもたちが「学校へ行く」以外のやり方を選べるようにしていく必要がある**のです。

残念ながら、現在の学校制度では「他のやり方」を選択することができません。どういうことかというと、日本において「正式に教育を受けた」と認められるのは学校（一条校）を卒業した人たちだけなのです。一条校とは、学校教育法第一条に規定される学校のことであり、幼稚園、小学校、中学校、義務教育学校、高等学校、中等教育学校、特別支援学校、大学及び高等専門学校が含まれます。補完手段として、中検（中学校卒業程度認定試験）、高認（高等学校卒業程度認定試験。2005年から「大検」を継承）、その他がありますが、これらは「資格を取る機会」という位置づけであって、「学ぶ機会」はあくまで「学校」が正式なのです。

不登校の子どもたちの中には、学校以外の学び・活動の場として「フリースクール」に通っている子どもたちもいます。しかし、フリースクールは「学校」として国から認められていないので、卒業資格を与えることができません。ですから、（詳しくは第2章で述べますが）義務教育期間である小中学生は、元の「学校」に籍を置いたままフリースクールに通うことになります。注*

昔に比べれば、親や教師が「学校が合わないならフリースクールに行くのもいいんじゃない？」といった提案をするケースが増えてはいますが、国の制度として「正式な学びの場＝学校」であることは変わっていません。そうではなく、学校以外の場所も「学びの場」としてもっと自由に選択できるようになっていくべきではないでしょうか。

注* 公立の小中学校では、在籍している児童生徒全員に卒業資格が与えられるが、私立中学校では退学の制度があるため、中途退学となる可能性もある。

「今いる場所が合わないなら合う場所を見つければいい、同じ場所に通い続ける必要などない」という認識があれば、そもそも不登校など生まれないのではないでしょうか。不登校の子どもたちを救済することも大切ですが、これ以上不登校の子どもを生まないようにすることも同じように大切です。そうであれば、「まずは近くの学校、合わなければ他を探す」ではなく、**はじめから「我が子に合う学びの場」を探すほうがいいと思いませんか。**

「うちの子は、大人数でワイワイガヤガヤするよりも、少人数で静かに物事に取り組むほうが向いている」「うちの子は、自分の目で見て体験することが好きだから、そういう機会を大事にしてあげたい」「うちの子は、自分で物事を考えて進めていくのが得意だから、その部分を伸ばしてあげたい」といったポジティブな理由で、自ら学びの場を選択することはとても素敵なことだと思います。

どんな子も、それぞれに素晴らしい個性を持っています。そして、こうした我が子の個性を誰よりもわかっているのは親御さんです。**既存の「学校」という選**

択肢のみに縛られず、もっと自由に子ども自身に合った学びの場を選べる社会をつくっていきませんか。

続々と生まれる新しい学びの場

これまでは、小学校に入学する年齢になると、保護者は特に疑問を抱くことなく学区内の公立小学校に通わせることが多かったと思います。または、将来偏差値の高い大学に楽に入れるようにと、大学附属の私立小学校の受験をさせることもあったでしょう。しかし最近では、画一的な教育法や学校のルール、集団行動に違和感を覚え、そのような近所の公立や、大学附属の私立小学校以外の、ユニークな学びの場を始めから探している保護者も増えています。そういう保護者は、必ずしも学歴志向というわけではなく、子どもの個性を伸ばしながら学べる環境を求めています。

そうしたニーズに応えるかのように、近年、さまざまな新しいタイプの学校が誕生してきています。

2020年4月に開設した**「軽井沢風越《かざこし》学園」**は、3〜15歳までが同じ校舎で学ぶという幼少中一貫校。楽天の共同創業者で副社長だった本城真之介氏が、「遊びが学びへとつながっていく、この人間の自然な育ちを大切にした学校をつくりたい」という思いでつくりあげた学校です。軽井沢風越学園では「つくる」経験を大切にしています。この「つくる」とは、物理的なものや学習の成果物にとどまらず、安全・安心な場を自分たちでつくる、学びをつくる、自分たちの学校をつくる、コミュニティをつくる、仕組みをつくる、ルールをつくる、自分をつくるといった、「わたし（たち）の未来をわたし（たち）でつくる」冒険をすることを意味しています。

風越学園には同学年の学級がなく、異年齢で構成された「ホーム」があります。

異年齢で過ごすことで、自分の視線とは違う世界を見たり、試したりすることができます。一日の始まりと終わりにホームでの時間があり、幼稚園年少から小学校2年生まではその間自由に過ごし、小学校3年生から中学校3年生までは、各自で作った学習計画に沿って一人ひとりが異なる時間割を過ごすことになっています。「仕切り」を極限まで減らした校舎や森の中で、幼小中の子どもたちが自主的に学び遊べるという、新しいタイプの学校です。

2019年に長野県佐久穂町《さくほまち》に開校した**「大日向《おおひなた》小学校」**は、従来の日本の教育とは異なるオルタナティブ教育として認知が広がってきた「イエナプラン」を本格的に取り入れた、日本で初めての小学校です。イエナプランとは、1923年にドイツのイエナ大学の教育学者ペーター・ペーターゼンが始め、オランダで急速に普及した教育法です。イエナプランの学校は、理想の人や社会をつくるための学校の在り方を伝える20の原則に基づいて運営されています。「児童が自分の特性を活かしながら学ぶこと」「自分自身の学びに責任を持つこと」「年齢も考え方も違う集団の中で協働しお互いに助け合いながら成長すること」「集団の中の誰もが自分らしく生活できるように責任を持って意思決定に参加すること」「自分自身の関心から生まれる問いに基づき自発的に学ぶこと」、そして「身近な自然や地域の人々との関わりといった実社会と地続きの学習環境の中で学ぶこと」などがあげられます。

大日向小学校は、「自ら『誰もが、豊かに、そして幸せに生きることのできる世界』をつくろうとする意志と行動力を持つことができる」ことを目指し、「自立する」「共に生きる」「世界に目を向ける」の3つを大切にしています。子どもたちは、人々の自然な学習形態である4つの基本活動「対話・遊び・学習・催し」をリズミカルに循環させる時間割で学ぶようになっています。その特徴として「ブロックアワー」と「ワールドオリエンテーション」があげられます。ブロックアワーは、主に自立学習と基礎学習を行います。子どもたちはただ与えられた課題をこなすのではなく、「やらなければならない課題」と「自分自身で選んだ内容」についてどのように学ぶのかを、週の最初に自ら計画を立て、それぞれに合った方法で自立的に学習していきます。ワールドオリエンテーションは、主に協働学習と総合学習を行います。これは「イエナプランのハート」と呼ばれ、日々の学習の中心的な活動です。実際に世界で起こっていること（身近なことから地球規模のことまで）について、教科学習で学んだことを活用し、グループで協力しながら総合的に学んでいきます。また、「ワールドオリエンテーションの中で生まれた問いを深めるために、ブロックアワーで必要な知識を得る」という循環によって、より実践的で意味のある学びができるようになっています。

「LCA国際小学校」（以下、LCA）は2008年開校で、ここまで紹介してきた学校に比べると設立はそこまで新しくありませんが、授業のほとんどが英語で行われるといった本格的なバイリンガル育成に力を入れているユニークな学校です。「国際人を育てる」「考え、感じる力を養う」「個性を活かす」という教育理念を掲げています。LCAでは、日本人が自然に英語を使いこなせるようになるための効果的な教育方法として、独自の「アクティブイマージョン教育」を取り入れています。1~5年生のクラス担任は英語のネイティブスピーカーで、ホームルームや給食の時間など学校生活は主に英語で行われます。授業も英語で行われることが多く、英語での授業は低学年で80%(国語以外の授業はほとんど英語で行われています)、高学年で50%ほどになります。教科としての「英語」も多く、1年生で週に6時間、2年生以上で週に5時間あります。リーディング、文法や単語、作文練習などがあり、リーディングはレベル別に5段階に分かれています。高学年では、不定詞、動名詞、関係代名詞といった英文法を学ぶほか、スピーチやディスカッションにも力を入れています。特に「スピーチコンテスト」は、保護者のみならず有識者からも評価を得ているLCA恒例行事です。

1クラスは約20名の少人数制なので、一人ひとりのレベルに合わせた指導が行われています。少人数ではディスカッションが行いやすく、子どもたちの考える力を引き出しやすいというメリットがあります。またLCAでは自然や芸術との触れ合いを大切にしています。キャンプ、釣り、登山、スキーなどの体験型のイベントが豊富です。自然の素晴らしさや厳しさを直に体験し、それらを生きる力に発展させることを目指しています。芸術については、学校にミュージシャンや海外の劇団を招待したり、校内に本物の絵画を鑑賞できる場を用意したりするなどして、文化への興味を育み生きる喜びを伝えています。

また、もっと上の年齢向けですが、2016年に生まれた**「学校法人角川ドワンゴ学園 N高等学校」**（以下、N高）は、インターネットと通信制高校の制度を活用した新しい学校です。N高は、教科学習に映像授業を活用し、レポートやテストもネット上で行っています。自分のペースで学習することができて、わからないところは何度でも確認できますし、自らが学びたいことに多くの時間をあてることも可能です。

有名大学や有名高校に入ることを目的とするのではなく、「将来こうなりたいから」と先を見据えて、その手段としてN高を選んで入る生徒が多いようです。桜蔭《おういん》学園、聖光《せいこう》学院、女子学院などの、難関中高一貫校から転校する生徒もおり、「いろいろなことを効率よく学べることに利点を感じる」という声が上がっています。N高は、初年度の生徒数1500人から、2020年現在は1万4700人にまで増加しています。

ちなみに、2018年にはN中等部も開設されました。N中等部は、「プログレッシブスクール」と名乗る新しいコンセプトのスクールで、課題解決型学習によって「創造力」を養うことを目指します。N中等部には、キャンパスライフを楽しみながら友だちと学べる「通学コース」と、インターネット環境があれば日本全国どこからでも学習できる「ネットコース」の2つがあり、好きなコースで学ぶことができます。基礎学習（国語・数学・英語）の他に、社会に対して生徒が創造力を発揮するための思考スキル、コミュニケーションスキル、情動スキルなどを身に付ける「21世紀型スキル学習」、生徒が目標を見つけて、実行するための自発性を養う一対一の面談による「コーチング」、ICTの基礎やプログラミング的思考を学ぶ「プログラミング」などユニークな学習コンテンツがあります。生徒の「創造力」を育むために、最先端のIT技術を駆使した授業と、実践型の学習・体験を重視しています。通学コースでも、基礎学習は映像授業なので自分のペースで学ぶことができますし、ネットコースでも、Ｚｏｏｍなどを使って全国の生徒とつながりながらグループワークを行ったりできます。

２０２０年７月時点で、Ｎ中等部ではネットコースで３５７名、通学コースで４９８名の生徒が全国で学んでいます。ただし、Ｎ中等部は一条校ではないので、学籍は自身の中学校に置いたままＮ中等部で学ぶことになります。

このように現在では、さまざまな新しいタイプの学校が出てきています。児童・生徒数が増加傾向にあることからも、社会のニーズが変化してきていることがわかると思います。こうした子どものニーズがあるのですから、既存の学校以外にももっとさまざまな「学びの場」の選択肢が増えるべきではないでしょうか。

第2章

「学びを選ぶ」って、どういうこと？

こんなに魅力的で多様な学びがある！

第1章でも少し触れましたが、現在の日本において「正式に教育を受けた」と認められるのは**「学校（一条校）」**を卒業した人たちだけです。一条校とは、学校教育法第一条に規定される学校のことであり、幼稚園、小学校、中学校、義務教育学校、高等学校、中等教育学校、特別支援学校、大学及び高等専門学校が含まれます。

しかしながら、不登校などの要因で「学校（一条校）」に通えない子どもたちが出てきたことで、フリースクールなどの一条校以外の学びの場が注目されるようになってきました。現在日本でも、すでに「学校」以外のさまざまな教育が発展してきています。なぜ、フリースクールのような場が必要なのか――それは子どもたちには、自分に合った場で安心して学び育つ権利があるからです。学校で嫌な経験をしたり、学校が合わなくて自分を押し殺してきたりした子どもたちは、個性を発揮する機会が奪われてしまいます。せっかく良いものを持っていても、投げやりになったり、自分や周りの人間を信じられなくなったりしかねません。また、自己肯定感が育たないことで、その後の人生が生きづらくなってしまうこともあります。こうした子どもたちを救うために、**学校以外にも「多様な学びの場を選べる」ことが必要**なのです。

フリースクールは、学校以外の子どもの居場所、学び場、活動の場を指しており、主に不登校の子どもたちが活用しています。月曜日から金曜日の朝から夕方まで開室しており、好きな時間に自分のペースで通ってきていいところが多いです。開室時間めいっぱい過ごす子もいれば、朝が苦手でお昼ごろに来る子もいますし、家が遠いからとか、体力がないからといった理由で早く帰る子もいます。教室では、何人かでスポーツをしたり料理をしたり、ひとり黙々と本や漫画を読んだりゲームをしたり、各々が自由に過ごすことができます。また、基本的に服装や髪型、持ち物も自由です。学校復帰を目指して一時的に利用する子どももいれば、学校には行かないと決めて、フリースクールに長く通う子どももいます。いずれにしても、学校に行けない・行きたくない子を無理に復帰させようとすることはありません。

また、フリースクールには他にも次のようなさまざまな形態があります。

【図表 2-1】フリースクールのさまざまな形態

＜通うタイプ＞
子どもたちにとって、学校以外の居場所として機能しているフリースクール。活動内容や利用目的はさまざま。学校とフリースクール両方に通うケースもあります

＜自宅訪問タイプ＞
フリースクールに通うのが難しい場合に、スタッフが自宅に訪問するタイプ。勉強を見るだけでなく、子どもと一緒に話したり遊んだりすることで、外に出られるようになることを目指します

＜共同生活タイプ＞
寮などで寝食をともにしながら、正しい生活習慣を身に付けるといったところからサポートします

＜通信制高校やサポート校の初等部・中等部＞
通信制高校やサポート校が小学生や中学生向けに開設しています。登校や学習の習慣を取り戻し、高校進学のイメージを持てることを目指します

＜専門家サポートタイプ＞
心理支援や、発達障がいのある子どもへの支援を行う専門家のいるフリースクール。本人や家庭へのカウンセリングを行うことで、一人ひとりをサポートします

＜医療機関連携タイプ＞
医療機関と連携することで、スタッフが適切な支援をできるような体制を整えています。さまざまな症状を抱える子どもや家族も安心して通うことができます

【図表 2-2】フリースクール等在籍者数

	男子	女子	合計	割合
小学生	1,095	738	1,833	26.1%
中学生	1,340	1,023	2,363	33.7%
小計	2,435	1,761	4,196	59.8%
高校生	966	667	1,633	23.3%
高校に在籍しない 16 ～ 18 歳	228	142	370	5.3%
高校・大学に在籍しない 19 歳以上	552	260	812	11.6%
合計	4,181	2,830	7,011	100.0%

出典：「小・中学校に通っていない義務教育段階の子供が通う民間の団体・施設に関する調査」（文部科学省）https://www.mext.go.jp/a_menu/shotou/tyousa/__icsFiles/afieldfile/2015/08/05/1360614_02.pdf を元に著者作成

フリースクールは全国に300～400ほどあります。文科省の調査によると、2015年時点のフリースクール在籍者数は7011人。そのうち、小学生が1833人、中学生が2363人で、義務教育年齢が全体の59・8％を占めています。義務教育年齢の施設あたりの在籍者数は、5人以下が41・6％で大半を占めており、10人以下では約65％にまでなります。少人数による運営を行っているところが多く、スタッフが子どもたち一人ひとりに目を配れるようになっています。

「多様な学びの場を選べる」ことは、学校が苦しい子どもへの解決策にとどまりません。前述のように、最近では、公立校の画一的な教育指導に疑問を抱き、もっと子どもの個性を伸ばしながら学ばせたい、と一条校以外のユニークな学びの場に通わせる保護者が増えています。有名なのは、**「シュタイナー教育」「デモクラティックスクール」「フレネ教育」「モンテッソーリ教育」**など、ヨーロッパやアメリカの哲学思想をもとにした教育法を取り入れている**「オルタナティブスクール」**です。学校では「学習指導要領」に基づいて授業が進められるのに対し、**オルタナティブスクールでは、公教育とは異なる独自の教育方針・理念のもとにカリキュラムが組まれています。**特に、子どもが本来持っている探究心や「個」を大切にし、子どもの主体性を育むようなカリキュラムを用意しているところが多くあります。少人数での学習や、工作、絵画、料理、農業などの豊富な体験学習、異年齢の子どもたちとの活動、また生活ルールや学習プランなどを自分たちで決めるといった特徴を持っています。また、大人は教師ではなく、あくまでも子どもをサポートする存在という考えが根底にあります。不登校になった子どもが通うというよりは、スクールの理念や教育法に共感した子どもが通うことが多いです。

では、オルタナティブ教育の中でも有名な「シュタイナー教育」「デモクラティックスクール」「フレネ教育」「モンテッソーリ教育」について、それぞれどんな特徴があるのか簡単に紹介します。

シュタイナー教育は、ドイツの哲学者ルドルフ・シュタイナー（1861－1925）の提唱した哲学・教育法がもとになっており、芸術性や体験を通した学びを重視しています。自ら考え、自分の行動に責任を持ち、社会の力となっていけることを目指した教育がなされ、「自由への教育」がうたわれています。教育の質には定評があり、ユネスコスクール加盟にも承認されています。現在、シュタイナースクールは世界で約1000校あります。日本では、準備中も含めると

10校あり、1000人近い子どもたちが活用しています。

デモクラティックスクールは、決められたカリキュラムやテストが一切なく、子どもたちが自分のことを自分で決めていくことを基本方針としているスクールです。アメリカのボストンにある「サドベリー・バレー・スクール（Sudbury Valley School)」が代表的です。「人は『本当にやりたい』『必要だ』と感じた時に一番よく学ぶ」という考えが基本になっています。生徒の自主性を重んじ、スタッフの人選や会計に関してまで、子どもたちに決めていく権利が与えられています。日本全国に7～8ヶ所あります。

フレネ教育は、フランスの教育者セレスタン・フレネ（1896-1966）が始めた「子どもの生活、興味、自由な表現」を出発点とする教育法です。また、手仕事やものづくりを豊富に導入し、協同学習を通して人格の育成を図っており、世界ではイタリア、フランス、スペインなどに広がっています。日本では大阪府にある「箕面《みのお》こどもの森学園」が有名で、NPO法人として小学校を開校、現在中学部と合わせて50名くらいが在籍しています。他にも、東京都の「ジャパンフレネ」、埼玉県の「けやの森学園」などがあります。

モンテッソーリ教育は、イタリアの医学博士マリア・モンテッソーリ（1870－1952）による「子どもには自分を育てる力である『自己教育力』が備わっている」という考えを前提とした教育法です。モンテッソーリ教育の目的は、「自立していて、有能で、責任感と他人への思いやりがあり、生涯学び続ける姿勢を持った人間を育てる」こと。人がひとりの成人として自立するまでの過程を、乳幼児期（0〜6歳）、児童期（6〜12）歳、思春期（12〜18歳）、青年期（18〜24歳）の4段階に分け、各年齢期の身体的・心理的発達に合わせた教育法を展開しています。特徴的なのは、遊びながら学ぶことができる「教具」と呼ばれる玩具を用いるところです。モンテッソーリ教育の確かさは、現代の大脳生理学、心理学、教育学などの面からも証明されており、世界中で支持されています。現在世界140以上の国にモンテッソーリ実践園が存在しているといわれています。日本ではモンテッソーリ教育といえば幼児教育が中心ですが、世界では小学校以上のスクールもたくさんあります。日本で小学校以上のモンテッソーリ教育を受けられる機関は多くありませんが、「マリア・モンテッソーリ・スクール」（横浜）、「ザ・モンテッソーリ・スクール・オブ・トウキョウ」（東京都港区のインターナショナルスクール）、「東京モンテッソーリスクール」（東京都港区）などがあります。

また、学習指導要領に基づかない独自の教育を展開しているところは、欧米のオルタナティブ教育法を用いたスクール以外にもあります。たとえば、第3章で詳しく紹介している東京コミュニティスクール（以下、TCS）では、各自が自分のペースで学習する時間があったり、テーマ学習や探究型のプロジェクトなど教科融合の学びができたりする、独自のカリキュラムを用意しています。ちなみにTCSは、小学生を対象とした初等部では、児童の数は一学年あたり9人まで。こうした少人数制をとっているところは**「マイクロスクール」**とも呼ばれています。人数が少ないことで、一人ひとりの個性にしっかり目を向けることができたり、学年を超えて一緒に学んだり体験したりする機会を持つことができるメリットがあります。

1クラス30～40人の学校で、学習指導要領に基づいた授業が行われている中では、どうしても「みんな平等」であることが求められます。たとえば、発言するのが好きな子がいても、学校では「いつも同じ子に偏らないように、いろいろな子に発言させる」ことが多く、そうすると積極的に発言したい子も我慢しなければならなかったりします。また、得意な科目については「授業が簡単」「もっと先に進めたい」と感じていても、学校では「苦手な子でもついていける」スピードで授業が進むのが基本です。そうなると、本来ならもっと伸ばすことができる子どもの個性や得意なことも、抑えられてしまいもったいない。しかし、**独自の教育方針でやっているスクールのほとんどは、個性を尊重して、個々のペースを大切にしているので、子どもの得意をどんどん伸ばしてあげることができます。**

また、カリキュラムの中にディスカッションやプレゼンテーションが組み込まれているところが多いのも特徴的です。必ずしも正解が決まっていないこれからの時代を生きていくうえで、自分の頭で考え、自分の意見を持ち伝えること、一方で他者の違う意見を認めることは、非常に重要な力になってきます。こうしたスクールで小さいうちからディスカッションやプレゼンテーションを経験する子どもたちは、**人前で自分の意見を堂々と発表する力が身に付いていきます**し、「個性」を認めるという文化が浸透しているので、**他者との「違い」をしっかり尊重できる人間に育っていきます。**

第3章では、フリースクール、オルタナティブスクール、マイクロスクールなど、個性的な5つのスクールを紹介しています。具体的な生活の様子や学習スタイルについてはそちらを参照してください。

学籍や学費はどうなっているの？

フリースクールやオルタナティブスクールは一条校ではなく、「正式な学校」と認められていないため、義務教育期間はもともと通っていた学校に籍を置いたまま通うことになります。現在は、**在籍校の校長判断で、フリースクールやオルタナティブスクールなどへの通学が「出席扱い」となることが国の方針で認められています**（小中学生は1992年から、高校生は2009年から）。文科省の調査では、在籍校で「出席扱い」になっている小中学生の割合は2015年時点で50％強です。ただ、あくまで学籍は「学校」なので、たとえば学校には全然行かずフリースクールで学び育ち、フリースクールこそが自分の学校だという気持ちがあっても、卒業証書や進路の書類は在籍する学校が出すことになります。

この学籍の問題は、憲法に定められている「子どもに教育を受けさせる義務」

ということに関わってきます。保護者には「子どもに教育を受けさせる義務」があるので、義務教育期間中は子どもの学籍を「学校（一条校）」に置いて、卒業させなければならないのです。ただ、憲法第26条後段を見ると、正確には「すべて国民は、法律の定めるところにより、その保護する子女に普通教育を受けさせる義務を負ふ。義務教育は、これを無償とする。」と定められています。「普通教育」を受けさせる義務となっており、「学校教育」とは書かれていません。「普通教育」とは何かというと、専門的な教育や特殊な教育ではなく、一般的で基礎的な教育、また、この社会で市民として生きていくうえで共通に必要かつ、個人の能力を伸ばすような教育という意味になります。

では、どうして小中学校が義務教育と定められ、「学校（一条校）」が正式な教育の場となっているのでしょうか。それは、憲法第26条の内容にあたる法律である教育基本法と学校教育法がそのようになっているからです。教育基本法とは、憲法第26条の理念を活かすために策定されたものであり、その下に学校教育法が定められています。学校教育法では、憲法の「教育を受ける権利」（憲法第26条前段「すべて国民は、法律の定めるところにより、その能力に応じて、ひとしく教育を受ける権利を有する。」）を満たすため、行政には学校設置義務、親には就学義務が設定されたのです。子どもが6～15歳の間は税金で費用を保障するので、子どもの教育を受ける権利を親が守ってください、ということが定められたわけです。

こうした理由から、小中学生の間は、フリースクールやオルタナティブスクールに通っていても元の学校に学籍を置いておかなければならず、いわゆる「二重籍」の状態となります。公立の小学校と中学校においては、卒業要件に出席日数についての決まりがないので、フリースクールやオルタナティブスクールに通っているからといって、在籍校を卒業できないということはありません（小学校、中学校のいずれも「原級留め置き制度（留年）」はありますが、本人の希望に反してこの制度が適応される事はありません）。しかし「二重籍」であることで、不登校の子どもの親が定期的に学校と連絡をとらなければならなかったり、自らの希望でオルタナティブスクールに通わせているにもかかわらず、校長先生から

「元気に通えているようでよかったです」と、まるで学校に馴染めなかったからオルタナティブスクールに通っているような扱いをされることに違和感を覚えたり、といった保護者の心理的な負担もあります。

何より「二重籍」の問題は、家庭の経済的負担を引き起こしています。フリースクールやオルタナティブスクールには公的な経済支援がなく、会費は全額自費となります。子どもが学校に行かなくても、保護者は税金を支払います。その税金によって学校の義務教育は支えられているわけです。しかし、フリースクールやオルタナティブスクールに通わせるとなると、その費用も負担するので、保護者は教育費を二重に払っていることになるのです。

【図表 2-3】フリースクール等会費（授業料）

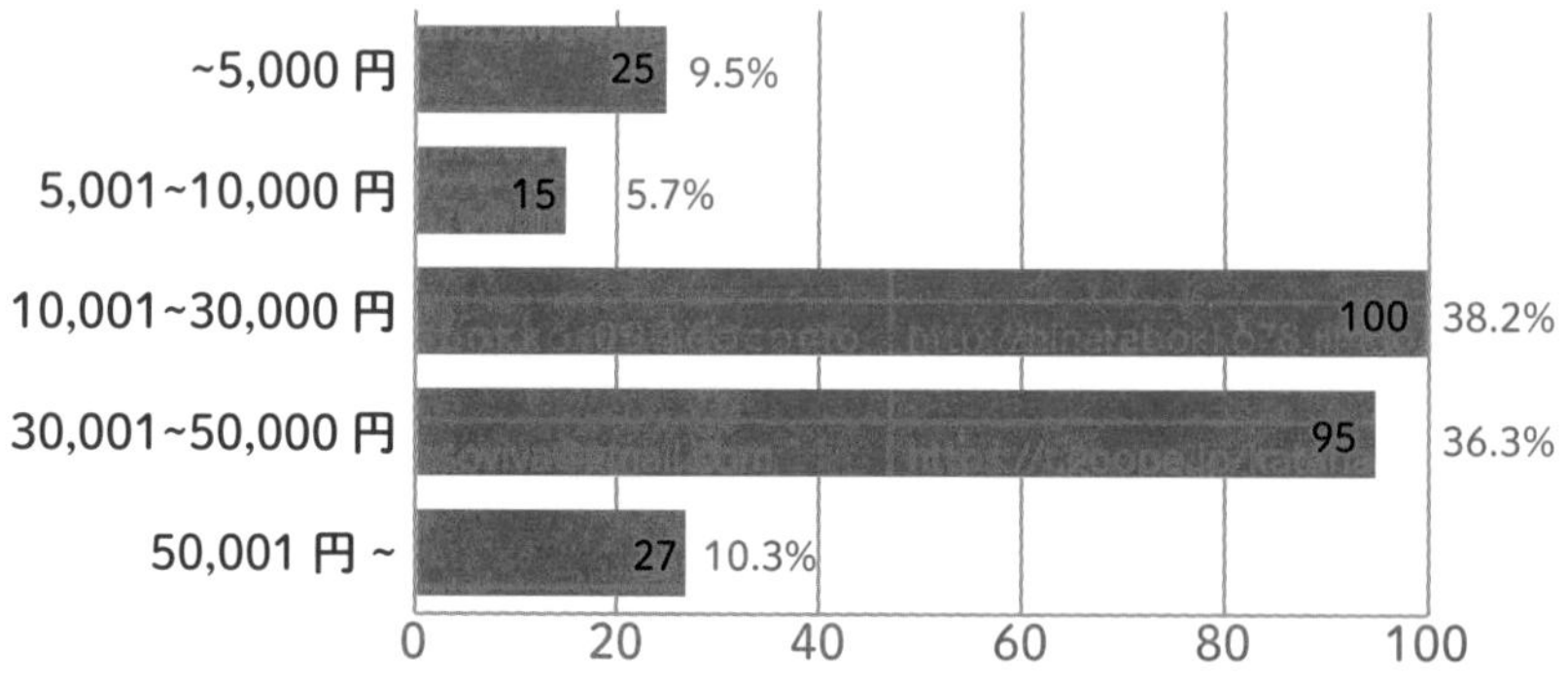

（n=262）

出典：「小・中学校に通っていない義務教育段階の子供が通う民間の団体・施設に関する調査」（文部科学省）
（https://www.mext.go.jp/a_menu/shotou/tyousa/__icsFiles/afieldfile/2015/08/05/1360614_02.pdf）を元に著者作成

２０１５年の文科省調査によると、フリースクールやオルタナティブスクールの月会費は１～３万円のところと、３～５万円のところがそれぞれ全体の４割弱で、平均額は約３万３０００円です。

また、会費とは別に入会金が必要なところもあります。１～３万円のところが全体の約３割で、平均額は約５万３０００円です。ただし、これは入会金を徴収している194施設・団体のデータであり、入会金は徴収していないと回答している施設・団体は123あります。

フリースクールやオルタナティブスクールは、こうした保護者の経済的負担をできるだけ減らすためにさまざまな取り組みを行っています。4割強の施設・団体で会費の減免制度を実施しているほか、独立行政法人や民間・企業が実施する助成金を活用して運営しているところもあります。また、第4章でも紹介していますが、教育委員会などの公的機関が民間団体に委託するかたちで開設された公設民営型のフリースクールは、その市区町村の住民であれば無償で利用することができます。他にも、放課後等デイサービス（6〜18歳の障がいのある子どもや発達に特性のある子どもが、放課後や夏休みなどの長期休暇に利用できる福祉サービス）を行うフリースクールの場合は、居住する地域の自治体からの助成によって、月額利用料が原則1割程度の自己負担で済むとされています。

また、在籍校で「出席扱い」が認められている場合には、「実習用通学定期」

を利用することができます。「実習用通学定期」とは、フリースクール等に通うために定期券を買う場合、通学定期と同じ割引を受けられるというものです。ただし「出席扱い」が認められない場合や、中学校卒業後高校に在籍していない場合は、大人と同じ定期券（いわゆる「通勤定期」）しか使えず、まだ課題も残っています。

どんなことを学ぶの？

詳しい学習内容はスクールごとに異なりますが、公教育の「学校」のように学習指導要領に基づいて作られた時間割とは違い、それぞれユニークな学びを実践しています。２０１５年の文科省の調査では、フリースクールやオルタナティブスクールでの活動内容はこのようになっています。

【図表 2-4】フリースクール等活動内容

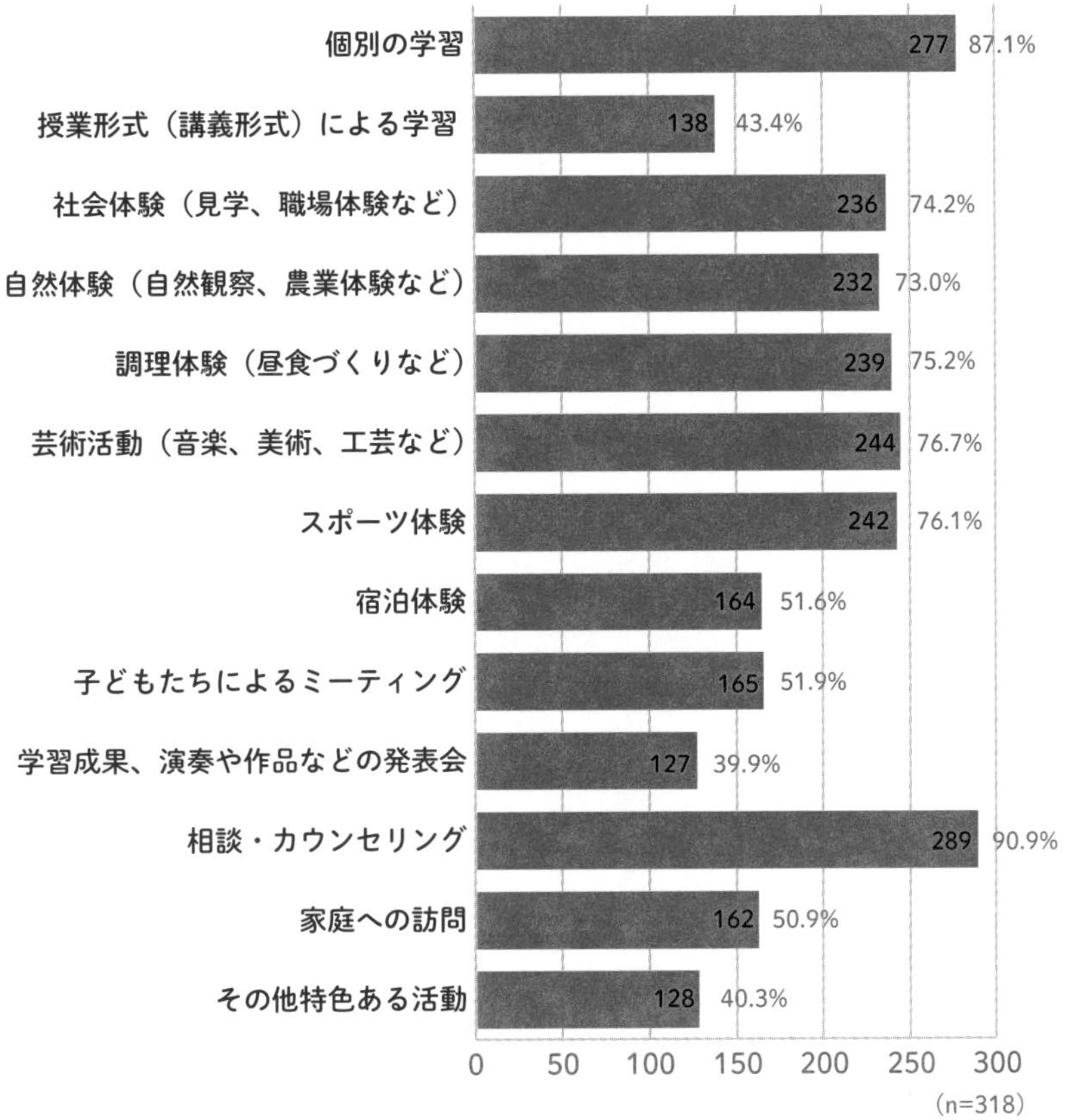

出典：「小・中学校に通っていない義務教育段階の子供が通う民間の団体・施設に関する調査」（文部科学省）
（https://www.mext.go.jp/a_menu/shotou/tyousa/__icsFiles/afieldfile/2015/08/05/1360614_02.pdf）を元に著者作成

フリースクールやオルタナティブスクールでは、子どもたちの個々のペースや、それぞれの興味・関心を重視しているところが多いため、「個別の学習」を行っている施設・団体が約9割に上ります。未学習部分が一人ひとり異なるため、個別学習ニーズが高いといった理由もあるでしょう。また、「相談・カウンセリング」も約9割の施設・団体が行っています。学校へ行かないことによる不安や不利に対する相談・カウンセリングの必要性が高いためです。

体験活動が約7~8割と高い割合を占めているのも特徴的です。芸術、スポーツ、調理などの体験活動では、子ども同士で交流し、共同作業で協力し合うことが人間関係の構築につながっています。また、職場体験や農業体験など各スクール独自の体験活動もうかがえます。フリースクールの「東京シューレ」では、子どもたち発案の活動が非常に活発に行われています。たとえば毎週木曜日には、終日「いろいろタイム」が設定されています。これは、子どもたちがミーティングを通して、自分たちがやってみたいことをどんどんあげて、話し合いや多数決で決まったことを実際に活動する時間です。自分たちで作るフェスティバルの準備をする、ハイキングに行く、南極観測隊長の現地体験の話を聞くなど、内容は多岐にわたります。

一方で、先ほどの文科省の調査によると、約5割の施設・団体が学習カリキュラムを決めていると回答しています。オルタナティブスクールやマイクロスクールなどでは、各々が独自の教育理念・方針を持っており、独自のカリキュラムや時間割を作っているところが多いので（カリキュラムが一切ないところもあります）、この5割のうち多くはオルタナティブスクールやマイクロスクールが占めていると思われます。

オルタナティブスクールは、その教育理念によって学習内容も本当にさまざまです。ここでは、先ほど紹介した「シュタイナー教育」「デモクラティックスクール」「フレネ教育」「モンテッソーリ教育」の特徴的な学びの方法について簡単に説明したいと思います。

シュタイナー教育では、「子どもの発達に合わせて、その時に最もふさわしい教育をする」ことで、心身のバランスがとれた人間育成を目標としています。知識を学ぶことは教育のほんの一部に過ぎないという考えがあり、感情や意志に働きかける総合芸術としての教育が構想されています。そのため、体を動かしたり、芸術に触れたりする時間が多く確保されているのがシュタイナー教育ならではの特徴です。

教育内容は、0～7歳、7～14歳、14～21歳と7年ごとに変わっていきます。0～7歳までは身体を動かしながら「意志」の力を育み、7～14歳までは「心」や「感情」を、14～21歳までは「思考」の形成に重点をおいた教育が行われます。

シュタイナー教育で最も特徴的なのは、全学年1時間目に行われる100分以上の「エポック授業（中心授業）」です。一般の学校では、45～50分で一科目を学びますが、エポック授業では、国語、算数、理科、社会の4科目については、約100分間連続で、2～4週間にわたって集中的に学ぶのです。同じ教科を一気に学ぶことで、学習効率を高めることができるとされています。

基本的には教科書を使用することがなく（上級生は補助として使用）、生徒は帰宅後に自身で授業内容をまとめます。その内容を翌日に発表し、先生と話しながら「エポックノート」に内容を清書します。その日に学んだ知識を一度寝かせてからまとめることで、記憶に定着させていくというのがエポック授業のサイクルになります。一年を通してエポックノートに書き込むことで、自分自身の教科書を作成していくのです。ちなみに、１００分以上の授業で集中力を保つのはなかなか大変なため、学年に応じて合間に体を動かすことなどを取り入れ、リラックスしながら学べるようになっています。

デモクラティックスクールは、「人は『本当にやりたい』『必要だ』と感じた時に一番よく学ぶ」という考えが基本になっています。そのため、カリキュラムやテストは一切なく、大人から一方的に指示をされたり、大人から先に提案されたりすることもありません。子どもは自分のことは自分で決めて行動します。自分で決める自由があるので、釣り、ゲーム、野球、読書など、自分の関心のあることに自分のペースで取り組むことができます。一方で、「自由」であることは他者の自由も尊重するということです。何か問題があれば、子どもたちは「ミーティング」を通して、自分だけでなく子どもたち全員の自由を守るために望ましいルールとは何なのかについて考えていきます。このように集団の中で公平さを学ぶことで、自分も周りの友達も大切にできる人に成長するのです。

また、デモクラティックスクールで最も特徴的なのは、学校運営の主体は子どもたちであり、スタッフは子どもたちの意思の実現のために働くという考え方です。学校に関わること（備品の購入や扱い方、開校日や開校時間など）は全てミーティングにおいて、子どもとスタッフが一緒になって決めます。学費に関しては、一年に一度開かれる「総会」において、保護者もスクールの一員として審議に参加します。また、スタッフの人選や、そのスタッフの給与も子どもたちの話し合いや投票で決まります。こうした話し合いは、年齢関係なく、参加したい人は全員参加することができます。異年齢の意見などによって、新しい考え方が生まれたりする面白さもあり、スクールではスタッフも生徒も皆が対等なのです。

フレネ教育は、授業も教科書もない、ユニークな教育方法です。決まった時間割がないので、子どもたちは自分で「活動計画表」を作成し、それに沿って自分のペースで学習するようになっています。また、2週間ごとに学習成果をお互いに発表する仕組みがあります。学習進捗度は「マス」を塗りつぶすことで目で確認できるようになっており、学習成果に対しての自己評価をクラスで発表します。そして、それに対してクラスのみんなにも評価してもらうようになっています。

フレネ教育で最も特徴的なのは、子どもたち自身の生活の中での出来事や印象を文字にする「自由作文」です。フランスで教師をすることになったセレスタン・フレネは、第一次世界大戦に従軍した際に戦地で毒ガスを吸って肺と喉を負傷していたため、大きな声を出せないというハンディキャップを負っていました。クラスの子どもたちは全く集中力がなく、すぐに騒いだりして、教室を出て行ってしまう始末。そこで、フレネは子どもたちを外に連れ出す「散歩教室」を実施します。そこでの人々の様子や自然について観察させ、教室に戻ってくると、散歩中に見たもの・感じたものについて自由に表現させ、それを黒板にまとめたのです。そうすると教科書の文章には全く興味を示さなかった子どもたちが、ノートに書き写すようになったそうです。これが、「自由作文」の始まりとなっています。今感じていることや伝えたいことを文章で表すことで、子どもたちの心が解放されるという考えにより、今でも「自由作文」が行われています。また、この「自由作文」を書いた後は、クラスでの発表があり、お互いに批評し合います。その後、みんなで投票をして、選ばれた作品は印刷されて共通の教材（テキスト）として使用されることになります。書くことを通して、自分の意見や自己を表現する力が身に付くとともに、お互いに作品への批評を行うことで、自分と他者の個性を尊重することを学べるようになっています。

モンテッソーリ教育では、「教具」と呼ばれる玩具の使用が特徴的です。触り心地、きれいさ、重さなどにこだわった「教具」を用意することで、子どもの興味を惹きつけるだけでなく、五感を刺激するようになっています。また、教具には言語教育や算数教育の要素が組み込まれているので、幼児期には、教具で遊ぶことによって、その後の勉強に必要な理解が自然とできるようになっています。

小学校以降のカリキュラムにおいても、子どもが自ら学びたいことを学んでいく「モンテッソーリ活動」の時間を大事にしています。たとえば横浜の「マリア・モンテッソーリ・スクール」では、午前中の約3時間をモンテッソーリ活動の時間としており、自らの興味・好奇心に沿って、子どもが主役となって学習していきます。教具を使って数や図形の概念を学んだり、実験を通して物質の性質を学んだりと活動はさまざまです。自分でやりたいことを選んでいるので、何時間でも学習に集中して取り組んでいる姿が教室のあちこちで見られるそうです。午後の学習では、午前のモンテッソーリ活動とは異なり、教科書や先生が作成した教材を利用しながら、国語・算数・理科・社会などの学習を進めていきます。モンテッソーリの活動で学んだ概念を演習で定着させるとともに、各科目において子どもたちの興味がさらに広がるように導きながら学習を進めていきます。

卒業後の進路は？

公教育として定められたいわゆる「学校」に通っていないと、大学受験や就職において不利になるのではないか、将来の選択が狭まるのではないか、と心配される方もいるかもしれません。しかし、そんなことは全くありません。

フリースクールやオルタナティブスクール、マイクロスクールなどを卒業した子どもたちの進路は、高校・大学進学や専門学校、海外留学など本当に千差万別。高校に通いながら、国際映画祭への出品・映画コンクールで受賞したりする人や、大学で「転ばないロボット」の研究に没頭した人、海外ボランティアに参加し、途上国開発に興味を持ちアメリカの大学に進学することを決めた人など、自分の好きなことや興味関心のあることを突き詰めていく人が多くいます。個性を伸ばし、主体性を育むことを大事にしているスクールでの生活が、子どもたちの探究心を育んできた結果でしょう。

中学校までフリースクールに通っていて、その後高校に行きたいと思う人たちの中には、全日制の高校に通うのはハードルが高いと感じる人もいるかもしれません。そういう場合には、自分のペースで学習しやすい通信制高校や、自分の興味関心の強いものを極めることができる高等専修学校などに進むこともできます。

また、海外の高校や大学に進学する人も多くいます。フリースクールやオルタナティブスクールの多くは、比較的少ない人数で、個性を発揮しながら育っていくことができる環境です。すると、子どもたちは、卒業時には自分の意見をしっかり持ち、発言する力を備えていることが多く、その姿勢は特に欧米の文化と相性がいいのかもしれません。スクール卒業後に一般の学校に進学したものの、日本の座学中心の受け身の授業をつまらなく感じたり、周りの目を気にしてクラスの中ではみんな一緒でいなければいけないことに違和感を覚えたりした子は、海外の学校に行ってみると居心地がよいことがあります。また、子ども同士で、あるいはスタッフも交えて活発な議論を行ったり、協同で学んだりする中で、多様性のある社会で自分の個性を発揮する力を身に付けることができ、グローバルに活躍する人もたくさんいます。

歴史の長いフリースクールである「東京シューレ」の卒業生たちを見ても、自分の興味関心に基づいてさまざまな仕事に就いて活躍している人が大勢います。不登校の経験があるから進学できないなんてことは全くありません。むしろ、一般的な学校と違って、自分の好きな活動に没頭できる時間が多い分、好きなことを突き詰めて、仕事にしていく人も多いようです。

実際に選んだ就職先や職業を見ても、国連難民高等弁務官（ＵＮＨＣＲ）駐日事務所、臨床工学技士、ＣＭプロデューサー、旅行会社、留学支援者、車掌、ゲーム製作者、アニメ製作者、ケースワーカーなど、一般の学校で過ごしてきた人たちと何ら変わりなく、多種多様です。ですから、一般の学校に通っていないからと、将来を心配する必要はありません。むしろ、**個性を尊重するスクールで育っ**

てきた子どもたちは「自己肯定感」がしっかり備わっていることが多いです。また、スクールでさまざまな体験学習や自己表現、発表の場を経験することで、**失敗を恐れずに何でもチャレンジしてみるマインドが育っています。**ですから、好きなことや興味関心のあることに向かってひたむきに進んでいけますし、失敗してもくじけずに試行錯誤しながら歩んでいけるのです。

第3章

ユニークな
学びの場を紹介！

この章では、これまで紹介してきた「多様な学びの場」の例として、いくつかのフリースクール、マイクロスクール、オルタナティブスクールを紹介します。どの学びの場も、とてもユニークで、文章で伝えられる情報はほんの一部です。気になった方はぜひ、直接連絡をとって見学に行ってみてください。

1. 東京シューレ

設立	1985 年
所在地	【東京シューレ王子】東京都北区 【東京シューレ新宿】東京都新宿区 【東京シューレ流山】千葉県流山市 【東京シューレ大田】東京都大田区
運営団体	NPO 法人東京シューレ
対象	小学 1 年生～ 23 歳 (入会は 20 歳まで)
会費・利用費	【入会金】153,000 円 【月会費】52,500 円 (税込) 【準会員】16,500 円 (税込) ※会費には施設整備費・冷暖房費・消費税を含む ※東京シューレ奨学基金による減免制度も設けられている 【説明会参加費】無料 【体験見学費 (3 回分)】5,250 円 (税込) 【NPO 会費 入会金】20,000 円 【NPO 会費 年会費】10,000 円

東京シューレは、1985年に設立されたフリースクール。まだ「フリースクール」という言葉がなかった時から、不登校の子どもたちの居場所をつくってきた。現在は、王子・新宿・流山・大田4ヶ所の運営のほか、在宅で過ごしている子どもたちの支援活動「ホームシューレ」を主な活動の柱としている。4ヶ所の東京シューレには、それぞれ約20人～100人が通っている。1999年に東京都よりNPO法人の認証を受けており、フリースクールに通う子どもの保護者を中心とした約300名の会員と、支援会員やボランティア、協力者によって支えられている。

東京シューレの理念は、①ほっとできる居場所、②やりたいことを応援する場所、③自分で決めることを大切にできる――「自由」な場所であること、④子どもたちで創る、⑤違いを尊重する、の5つ。教育内容は料理、スポーツ、アウトドアや農業などの体験的な活動、音楽や演劇などの表現活動が盛ん。ゲームをすることやイラストを描くことなど、本人に関心があり、生き生きできることや、もっと追求したいと思えること自体が学びである、と捉えている。そのため、語学に関心があれば英会話や韓国語の講座、パソコンに関心があればプログラミング講座など、自分の興味関心に合った講座を選んで参加することができる。

学びの主体は子どもたち。まずは子どもの声を聞くことが大事

学習のプログラムは、年度の初めに子どもたちの意見を聞きながら作り、新しいプログラムを入れたいという声があれば柔軟に変更する。子どもの声を聞く・子ども自身が決める、ということをとても大事にしているため、学びについても「やる・やらない」が同等にあり、その日やりたくないことはやらなくてよいし、やりたい人がやりたいことをする。東京シューレ大田のスタッフの野村さんによると、決めたプログラムを実行する・しないも子どもたちが決定するそうだ。

「プログラムに合わせて過ごしている子もいますが、毎日来るような子どもたちは、来てやることがわりと決まっていますね。たとえば『ゲームをやるぞ』『今日は多摩川に行くぞ』とか。プログラム自体はある程度年間で決めていますが、

その週に何をやるかは週1回の子どもたちとのミーティングで決めています。決まったことはみんなにお知らせして、『行きたい子は多摩川に行くよ！』と。それを目的に来る子もいれば、その気じゃなかったけど『今日行かない？』と声をかけたら行く子もいますし、行こうと思って来たもののゲームのほうが楽しくなっちゃったから今日は行かない、とか。さまざまです」

国語、算数、理科、社会など基礎的な学習も、子どもたちのペースに合わせて行うことができる。教科的な学びは、小学生と中学生で一緒に行うよりも、年齢で分けたり、個別に対応したりすることが多い。

学習指導要領にあるような「一般的な」勉強を網羅的にやらなくても大丈夫なのか、と保護者から心配の声があがることもあるそうだ。そういった場合、野村さんは「経験上、あまり心配がない」と答えるとのこと。「たとえば小学校、中学校で全然やらなかったとしても、高校生で集中して学ぶことで、その小中学校の内容を2年くらいで取り戻したケースも見てきています。いわゆる『学校の教科』ということだけで考えれば、本人が本気で『やらねばならぬ』と思って、集中して勉強する子も多い印象です。やりたくないことを無理矢理やらせるほうが、子どもにとってはマイナスが多いと感じていますね」と野村さんは話す。

子どもたちのアイデアで決まる、学びの内容

学びの内容は子どもたちが「何をやりたいか」「何を求めているか」によって変わってくる。たとえば東京シューレ大田では、「ロボットプログラミング(ロボットを組み立て、プログラミングで実際に動かすこと)をやりたい」という声があがり、ロボットプログラミングの得意な男性スタッフが講座を担当したそうだ。

学びのアイデアは、子どもたちから出てくることが多いと野村さんは言う。「たとえば今は『多摩川』がブームです。捕ったカニや魚の種類を調べるとか、川で泳ぐのが楽しいから他の泳ぎを知りたいとか。他にも、ちょっとした実験道具を置いておくと勝手に自分たちで実験していたこともありますね。実験用のコンロを使って、グミはいかに溶けるか、どう溶けるのかが気になると言い出して、グ

ミを火であぶる実験をし、どろどろにしていました。特に初等部の子どもたちは、面白いことを次々とやり始めますね」

<ロボットプログラミング講座の様子>

<多摩川で生き物に触れる>

不登校の子どもたちに寄り添い35年

代表の奥地圭子さんは、ＮＰＯ法人東京シューレ理事長のほか、登校拒否・不登校を考える全国ネットワーク「フリースクール全国ネットワーク」の代表理事なども長い間務めてきた。自身の息子の不登校をきっかけに、子どもの思いを理解し、安心できる学びの居場所を提供しようと東京シューレを設立した。

スタッフは、常勤スタッフとサポートスタッフを合わせて、東京シューレ全体で30人以上。自身も不登校経験を持つ人、教員免許を持ち学校で働いていた人、福祉関係の仕事をしていた人などバックグラウンドはさまざま。担任制や担当制ではなく、基本的には全てのスタッフが全ての子どもたちを見る形態をとっているそうだ。「女の子は女性のスタッフのほうが話しやすいかな、という場合もありますよね。そういう時は、その子やその親とのやりとりはそのスタッフが『主に』行うようにはしていますが、担当としてきっちり分かれているのではなく、常にスタッフ内で共有しながら進めるというスタンスです」と奥地さん。

東京シューレに入会する子どもたちは、一般の学校で不登校になり、他の場所を探して来る子が多い。見学者の人数も年々増えており、毎月1回の説明会には上限の約20名が毎回集まるそう。「何度も傷ついて、ようやくたどり着いた、という方がやはり多いのですが、ここ数年は『一般の学校がちょっと子どもに合わないから、新しい場所を探してみようかな』と来られる方も増えてきているような気がします」

奥地さんは、フリースクールへの所属を問わず、不登校について学び合う「親の会」も定期的に実施している。子どもの不登校について悩んでいることや困っていること、疑問に思うことなどを話し合う場となっている。

4つの「東京シューレ」それぞれの特色

「東京シューレ王子」は、JR京浜東北線・東京メトロ南北線の「王子」駅から徒歩4分に位置する。現在、小学生から23歳まで約100人の会員がいる。5階建てのビル全体を活用しており、3階と5階がフリースペース、4階が学習・各種講座や楽器演奏もできるスペース、2階がスタッフルームとなっている。

「東京シューレ新宿」は、都営大江戸線「若松河田《わかまつかわだ》」が最寄り駅。新宿といっても住宅街の静かな場所にあり、近くにはフットサルコートや戸山公園があるため、テニスやバスケなどのスポーツや遊びができる。小学生から23歳まで約40人の会員がおり、アットホームな雰囲気が特徴。

「東京シューレ流山」は、東武野田線「初石《はついし》」駅から徒歩1分にある。千葉県の東葛《とうかつ》地域を中心に、6歳から23歳までの約20人が通っている。毎週のミーティングでプログラムを相談して決めており、スポーツや音楽（ギター・ドラム講座）、イラストやゲームなど、さまざまな体験・経験の機会を設けている。

2018年に新築した「東京シューレ大田」は、京急線「雑色《ぞうしき》」駅から徒歩5分の場所にある。近くには多摩川が流れており、河川敷ではサッカーや野球などのスポーツや、街中ではできない凧揚げなども楽しめる。屋上は広く、ガーデニングや屋上庭園をつくることも可能。現在約35人が所属。

東京シューレを卒業した後の進路

東京シューレには23歳まで在籍することができ、その後の進路は大学進学や専門学校、海外留学、起業などさまざま。進路づくりのサポートも多く、「しごと体験」では保育園、飲食店、印刷業、出版社、水族館、楽器工房などで実際に仕事を体験できる。「シリーズ人間」では、たとえばバンド・ドラマー、ロボット開発者、声優、弁護士、カメラマンなど、社会で活躍するさまざまなジャンルの人の話を聞く機会が設けられている。他にも、15歳の年齢同士で集まる「15（イチゴ）ミーティング」を年に何度か実施。特に中等部から高等部に変わる節目のタイミングでは、将来について悩んだり不安に思ったりする子が多くなるので、進路について考え合う時間を設けたり、個別に「こういう道もあるかもね」と進路の話をしたりして、子どもたちと一緒に考えている。

初等部から中等部に上がる時に東京シューレを退会して地元の中学校に進学したり、高校卒業の時点で大学や専門学校など次の進路を決めて、東京シューレを退会したりする人もいる。

また、東京シューレは「札幌自由が丘学園三和高等学校」と提携しているので、フリースクールに通いながら、もしくはホームエデュケーションをしながら、通信制高校の卒業資格を取ることが可能だ。そのため高等部にそのまま残る人も多いそうだ。

中学で不登校になり、13歳から19歳までシューレに通った村主美佳さんは、18歳からはチャレンジスクールの高校にも通った。そして「臨床工学技士」という医療機器の操作や点検を行う仕事に憧れ、専門学校に入学した。基礎学力を補うため、小4レベルの計算ドリルからスタート。夜遅くまで学校に残って、先生に質問したり国家試験の過去問を何十回も解いたりした。自分が心の底からなりたいと思ったことに関してはこんなに頑張れるのか、と自分でも驚いた。23歳で技士の国家資格を取得し病院に就職。救命センターでの勤務を経て、現在は在宅血液透析の指導など、やりがいを持って働いている。

中2からいじめをうけ不登校になった金児真依さんは、中2から高2までシューレに通っていた。いじめの一番ひどい時期は幻覚が見え、幻聴が聞こえるくらい精神的に辛かった。しかし、シューレで好きなことを追求している個性的な友人たちに会って、たくさんの刺激を受けた。また、スタッフにありのままの自分をとことん受けとめてもらえた結果、だんだん元気が回復してきて、好きだった英語の勉強から再開し、高校受験の勉強もできるようになった。シューレと並行して、公立中学卒業後、新宿山吹高校通信制課程に入学。大学受験直前のクリスマスに大好きな父の自殺に直面するも、周りの支えで何とかもちこたえて法政大学へ。米コロンビア大学にも進学して修士号を取得した。「自分とは比べ物にならないレベルの苦境」に直面するマイノリティの状況に関心を持ち、難民のために働きたいと決意。国連人口基金（ＵＮＦＰＡ）シエラレオネ事務所でのインターンや難民支援ＮＧＯでの勤務などを経て、２００４年から国連難民高等弁務官（ＵＮＨＣＲ）駐日事務所で難民受け入れや無国籍者のために働いており、レバノンやパキスタンでも勤務。多忙なフルタイムの仕事の傍ら、シューレ・通信教育で培った「自学自習能力」を活かして勉強を続け、行政書士試験やスペイン語のビジネス級試験などにも次々に合格した。２０２０年1月には無国籍の防止についての論文で、オランダ・マーストリヒト大学から博士号（法学）を取得。共著書・論文も数本発表している。現在は一児の母でもある。

家庭を拠点とした教育をサポートする「ホームシューレ」

フリースクールとは別に、「ホームシューレ」というホームエデュケーションをサポートする団体もある。

アメリカでは「ホームスクーリング」、イギリスでは「ホームエデュケーション」という言葉が主に使われているが、どちらも「家庭を拠点とした教育」の在り方を指している。それらは、日本でいうところの「家庭教育」とも「自宅学習」とも違う。「家庭を拠点とした教育」とは、「学校」に行く在り方ではなく、「家庭」を主なよりどころとして成長していく在り方を指している。

「ホームエデュケーション」というと、母親が教師代わりに教科書を教えるとか、家で通信教材をやらせるイメージが思い浮かぶかもしれないが、そうではない。それぞれの家庭で、子どもの興味・関心・ペース・感じ方などを大切にしながら、親が責任を持って行う教育の在り方であり、そのかたちはいろいろだ。

「ホームシューレ」は、家庭を基盤として学び、成長する子どもと、その家族のための専門支援機関で、全国的なホームエデュケーションネットワークでもあり、居住地を問わず参加することができる。1993年に活動を開始、これまで約2100家庭が参加してきた。

ホームシューレは会員同士の「つながり」を大切に考えている。会員専用のSNS、月刊交流誌、各地のサロン、オフ会、全国合宿、相談など。また、保護者にも専用のホームページ、月刊情報交流誌などが用意されている。それぞれの家は離れていても、多様な交流活動のチャンネルを用意している。

子どもが学校に行かなくなった時、近所に同じような立場・同じような考え方の人がいないと、孤立してしまうことがある。そうした人たちがホームシューレのつながりによって自分を肯定できたり、ホッとする居場所を得たり、主体性を発揮できるようになったり、自信を持って生きていくことができる――そんな役割を果たしていきたいと考え、活動している。

13歳からホームシューレを利用するようになった中里大河さんは、家で過ごしている間、パソコンでいろいろなことをしたり、専門チャンネルでアニメを見たりしていた。特に『攻殻機動隊』という近未来を描いたSFの作品が好きだった。他に、ゲームやプラモデル作りも好きで、壊れた飛行機のラジコンをもとに新たにラジコンを作ったり、ジオラマみたいな物を作ったりもした。中3の時、漠然と「このままでいいのかな」と思っていたところ、当時の担任の美術の先生が都立工芸高校を勧めてくれて、マシンクラフト科の定時制に入った。その後大学に進み、「転ばないロボット」の研究をした。学校にずっと行っていたら、今みたいに自分のやりたいことをメインに勉強できていたのかな、と疑問に思う。選択肢が多すぎて選べなかったかもしれないと感じているという。

小1から不登校になり、14歳から22歳までホームシューレを利用した竹内信善さんは、今、造形作家として、粘土で恐竜や怪獣などのフィギュアを作っている。

小学校に入る前から絵を描くことが好きで、小学生の頃にはプラモデルを買って組み立てるのが大好きになった。中学生になると、買ってきた模型を組み立てるだけではなく、見よう見まねでいろんな材料を試しながら、自分で模型を造るようになったという。

「好きなことに没頭できる時間が持てたのは、不登校なればこそですね。当時を振り返ってみると、好きなことに自分なりの方法や距離感で向き合えるだけの時間的な余裕があったように思います。誰かに与えられた課題をこなすのではなく、自分自身の判断や価値基準で『自分のやりたいこと』にチャレンジできました」と竹内さんは語った。

2. 東京コミュニティスクール

設立	2004 年
所在地	東京都中野区
運営団体	特定非営利活動法人東京コミュニティスクール
対象	3 歳～ 12 歳 (プレ初等部、初等部)
会費・利用費	【入学金】200,000 円 (税込 220,000 円) ※入学申込時 【施設拡充費】100,000 円 (税込 110,000 円) ※入学申込時 【学 費】390,000 円 / 半期 (計 780,000 円 / 年) 【教材費】 1 年生～ 4 年生：39,000 円 / 半期 (計 78,000 円 / 年) 5 年生～ 6 年生：54,000 円 / 半期 (計 108,000 円 / 年) ＊別途、NPO 入会と寄付によるご支援をお願いしております。

東京都中野区にある東京コミュニティスクール（以下ＴＣＳ）は、小学生を対象とした「初等部」と、幼児を対象とした「プレ初等部」を持つマイクロスクール。初等部は1学年9名までと少人数で、さらに異年齢による「実体験に基づく探究」と「テクノロジーを活用した学習の個別化」が特徴。教育理念は「自和自和（じわじわ）」。「自分らしさを活かし、人や社会や自然との和（つながり）を楽しみ、ともに学び着実に成長する」という意味が込められており、「自分を大切にする」「ひとを大切にする」「ものを大切にする」の3つの約束を掲げている。

学習指導要領にとらわれない、柔軟な学びを提供

学習指導要領どおりの枠組みにとらわれない、ＴＣＳ独自のカリキュラムに沿って学んでいく。たとえば、国語は「読む」「書く」「ことば」のクラスに分かれていて、さらに「個学国語」「読書」「書道」「行事等のリフレクション作文」などは別の時間で行う。算数は、「みんなで学ぶ算数」のほか、4年生以降では「個学」という、各自が自分のペースで学習する時間もある。社会や理科は、テーマ

学習という探究型のプロジェクト学習を通じて、教科融合で学んでいけるところが大きな特徴。アートや英語は学習指導要領に定められた時間よりも多い時間数が割かれており、たとえば英語は、1年生から6年生まで年間100時間程度のコマ数が用意されている（学習指導要領では、小学校3・4年生は年間35時間、5・6年生は年間70時間）。

【図表 3-1】TCS 時間割例（6 年生）

	月	火	水	木	金
8:30 ～ 8:55	朝の会 Morning Circle	朝の会 Morning Circle	朝の会・HR Morning Circle	朝の会 Morning Circle	朝の会 Morning Circle
9:00 ～	個学 Self	個学 Self	体育 PE	English	個学 Self
9:45 ～ 10:30	English	English	体育 PE	A: 理科 Science B: 体育 PE	フリー Free
10:40 ～	体育 PE	読む Reading	個学 Self	A: 理科 Science B: 体育 PE	算数 Math
11:25 ～	IT	算数 Math	ことば Vocab	読む Reading	読む Reading
12:10 ～	昼食 Lunch	昼食 Lunch	昼食 Lunch	昼食 Lunch	昼食 Lunch
12:55 ～	そうじ Clean up	そうじ Clean up	そうじ Clean up	そうじ Clean up	そうじ Clean up
13:10 ～ 13:55	フリー Free	アセンブリ Assembly	IT	音楽 Music	Exhibition
14:00 ～	書く Writing	テーマ UOI	アート Art	テーマ UOI	テーマ UOI
14:45 ～ 15:30	ことば Vocab	テーマ UOI	アート Art	テーマ UOI	テーマ UOI
15:35 ～ 15:45	リフレクション	リフレクション	リフレクション	リフレクション	リフレクション
16:30	帰宅	帰宅	帰宅	帰宅	帰宅

注：UOI は Unit of Inquiry の略

出典：東京コミュニティスクール ガイドブックを元に著者作成

子どもたちの興味を深掘りする「探究学習」

TCSでは「テーマ学習」と呼ばれる探究学習に重きを置いている。これは年間6つの探究領域(自主自律、共存共生など)を学ぶ学習で、6週間ごとに一つのテーマを深掘りしていくというもの。各テーマで設定する「概念」をどう学んでいくかを全スタッフで事前にプランニングしてクラスにのぞむ。各回の最後には、子どもたちが在校生・スタッフ全員と保護者の前でプレゼンテーションを行う。保護者も含めた質疑応答で積極的に意見を交わしたり、良かったところや改善点などのアドバイスをもらって次の学習に活かしたりするなど、子どもたちにとって真剣勝負の場となっている。

在校当時5年生で「お客様の笑顔を獲得せよ」というテーマで駄菓子屋を経営することに取り組んだ卒業生のカレンさんは、ノウハウが全くわからないところから始めて試行錯誤する大変さを経験した。「最初は赤字になってしまったのですが、改善を重ねていって、最終的には成功できました。そういった『失敗を経ての成功体験』のようなことがTCSではたくさんできたので、自分にはちょっとレベルの高いことに挑戦しても『頑張ったら絶対成し遂げられる』『失敗を恐れない』ということも学べました」

カレンさんの母は、公立小学校から転校してTCSに2年間通った娘の劇的な変化を実感したという。「TCSではどんな発言をしても受け止めてもらえたそうで、『人に笑われて恥ずかしいから自分の意見が言えなくなっちゃう』ということがなく、どんどん自己肯定感が上がっていきました。さまざまなチャレンジをさせていただき、簡単にはあきらめない粘り強さもつきました。本人も言うように、『失敗しても頑張ってやっていれば結果が出る』というのを体験として学んでいけたのは、やはり何にも代えがたいですね」

ＩＴを活用した個別最適を実現し、自律的な学習力を養う「個学」

４年生以上では、ＩＴを活用した「個学」の授業が行われる。４年生は算数、５・６年生は、国語・算数・理科・社会が個学の対象科目。この個学の授業では、ＷＥＢ学習サービスの「スタディサプリ」を利用し（４年生算数はＡＩ型タブレット教材の「キュビナ」）、自分で目標や計画を設定して自分のペースで学習を進めていくため、「学び方」そのものを学ぶことができる。

行事を通して養われる自主性

下級生も含めて富士山に登るなど、山登りやキャンプ、遠足といった多くの野外活動がある。また、１年生から４年生には３泊４日の「ホースキャンプ」という行事もあり、馬に乗るだけでなく、担当になった馬のお世話を４日間して、馬と心を通わせる体験もする。

現在ＴＣＳ６年生のマヤさんにとって一番の思い出は、４年生の時のサマーキャンプだ。「『ビニールシートと竹でテントを作ってください』と言われて、みんなで頑張って竹を切って、穴を掘って、そこに竹を刺してテントを作りました。ようやく完成して温泉に行ってから戻ると、全部倒れてて……。結局完成できなくて、ビニールシートの上に寝袋を敷いて野宿。星空を見ながら寝るのはとても楽しかったですが、ご飯を食べるための火起こしから始めたことも含めて、まさにサバイバルな体験でした」

さらに年に1回、TCSフェスティバルと呼ばれる文化祭も行われる。1年生から6年生まで縦割りでグループを作り、カフェの運営、パフォーマンス(舞台)の司会や運営、さまざまな展示やゲームブースの提供、会計など全てを準備する、一大プロジェクトだ。プロジェクトのリーダーは6年生。コンセプトの決定から、子どもたち主導で進めている。

<サマーキャンプの川での様子>

<理科実験中の様子>

子どもと大人が語り合う「朝の会」

毎朝30分、全学年が輪になって行う「朝の会」。「竹取物語」「平家物語」「徒然草」といった古典の音読を行ったり、時事問題などの話題を共有したりもするが、基本的に皆が楽しくおしゃべりすることを趣旨とする時間だ。子どもたちが自分の好きなものについて語る「語るべぇ」というフリースピーチの場もある。

在校生のマヤさんが思う「TCSの良いところ」の一つは、「自分を表現する場がたくさんあるところ」だという。「私はどちらかというと人前で話すのが好きなので、テーマプレゼンも語るべぇも楽しいです。語るべぇの中には、『LOVE語るべぇ』という自分のラブ、好きなことを語れる機会もあります。語る人は『次LOVE語るべぇをやりたい人？』『はーい！』と挙手制で決まるのですが、話したい人がどんどん手を挙げますね。もちろんみんなの前になるとやっぱり話せない、という子もいるのですが、全学年が集まる朝の会の中で、一年生でも手を挙げる子がいて、すごいなと思います」

マヤさんの母は、公立の学校と比べＴＣＳでは「表現できるチャンスが多い」と感じるそうだ。「公立の学校だとどうしても、どの子にも平等に、という考えから、同じ子にばかり発言させないようにしなきゃいけないという空気があって、積極的な発言が難しい場面も多いですよね。一方で娘はどんどん発言したいタイプなので、それではもったいないと思っていました」

楽しく実践的なＩＴ教育

昨今「プログラミング教育」が注目されているが、通常の小学校では「プログラミング」という授業の時間があるわけではない。算数、理科、総合的な学習の時間において、プログラミング的思考を身に付けるような指導が行われることになっている。一方ＴＣＳでは、１年生から「ＩＴ」という時間があり、「プログラミング（操作）の学び」「マルチメディア（表現）の学び」「ユーティリティ（実用）の学び」という３つの領域と、さまざまな他の学びを関連づけて学べるようなカリキュラムがある。たとえば、1年生では「4コマドラマ」という4カットの映像をつなげてドラマを作ったり、6年生になるとTCSで困っていることを解決する「便利アプリ」を作ったりと、実践的な学びの場になっている。

下級生はタブレット（iPad）、上級生はパソコン（Mac Book Air）をひとり一台貸与されて日常的に使用しており、ITの時間以外でも、IT機器を利用した調べものやプレゼンテーションなどには慣れている。

TCS3年生のコウゼン君は、IT環境の良さがTCSの魅力だと言う。「BenQのプロジェクターなど、使いやすくてハイテクなものがそろっているのがいいです。転校前に通っていた私立の小学校では、パソコンくらいしかなかったのですが、TCSだと大きな画面に映せるので、みんなにシェアしたりすることが簡単です」

近隣の施設を柔軟に利用して活動する

子どもたちが学ぶ場所は「ゾーン」と呼ばれるエリアで、いわゆる学年ごとの「教室」ではない。床の色で分かれているゾーンや多目的ゾーンはオープンスペースで、子どもたちはクラスによって決められているエリアに移動して授業をする。ただし、高学年の「個学」や音楽のクラスなど目的によっては壁で仕切られた部屋を使う。また、下級生が床がカーペットのゾーンを使う時は、机を使わず床に座って授業をする時もある。2学年合同で行う授業も多い。

運動場は持ち合わせがないが、近くの区立運動場や体育館、スイミングスクールのプールを借りてPE（体育）の授業を行っている。運動会は、近年、私立小学校の広い運動場を借りて実施している。

また、TCSでは、本物に触れる原体験を大事にしており、通常の授業でも町に出たり公園に行ったり人に会いに行ったりと、校外学習が多いところが特徴。生徒数が少なく機動力があるため（団体扱いにならないため）、「じゃあ、これから実際に見に行こう！」と急に外に出ることもあるという。

ユニークなスタッフたち

ＴＣＳの創立者で理事長の久保一之さんは、別の事業を営む起業家でもある。会社経営をしながらさまざまな事業を考える中で、既存の学校教育の代替になるスクールを自ら作りたいと、２００４年に東京コミュニティスクールを創立した。先駆者の神戸のラーンネット・グローバルスクールは創立以来提携校である。

「スタッフ」と呼ばれる教員たちには、教員免許は必須ではない。元小学校教員だった人、ビジネス経験を持っている人、元プロ野球選手など、さまざまなバックグラウンドの人がスタッフとして働いている。ちなみに子どもたちはスタッフのことを「キタマイ」「いまちゃん」など、ニックネームで呼ぶ。

私立小学校の教員を10年間務めた経験を持つスタッフの「あっちゃん」は、当時普通の3階建の一軒家でやっていたＴＣＳに見学に来て、そこで自然体で学んでいる子どもたちを見て、「本当の教育ってここで行われているものかもしれない」と感じた。その興味が高じて、ＴＣＳのスタッフになってしまったという。

既存の教育への違和感からＴＣＳを選ぶ親たち

ＴＣＳに入学してきた子どもたちの保護者に聞くと、入学を考えたきっかけは「既存の教育への違和感」や「ＴＣＳの教育に魅力を感じたこと」という声がある。一般の小学校に通い始める前からＴＣＳを選んで入学考査を受けている家庭がほとんどだ。

現在6年生のマヤさんの父が、娘のＴＣＳへの編入を検討するきっかけの一つになったのは、以前に通っていた公立小学校の授業参観だったという。「自分が小学生だった30年くらい前と、学校の考え方や授業の進め方があまり変わっていないように感じたんですね。ほかにも、筆箱や教科書を机に置く位置が決まっているなど、教育のうえでフォーカスするポイントに違和感を持ちました」。マヤさんの父は、次の時代に必要な人材に対して、当然教育も変わっていかないといけないと考えている。「ＴＣＳでは、生き抜く力というものをしっかりと身に付けられると思います。それが重要だと思って編入を決めました」

卒業生のカレンさんは、体験入学してみるとＴＣＳの良さがわかると言う。「今生活してる中で、なんとなく窮屈な思いをしている、人間関係でちょっと苦労している、自分がちょっと浮いちゃってるかも、という感覚があれば、１回ＴＣＳに体験に行ってみてほしいと思います。私自身、最初は友達がいるから転校したくないと思っていたのですが、体験に行ってみたら本当に楽しすぎて、もうそれまで行ってた小学校のことはどうでもよくなっちゃうくらいだったので。あとは、保護者の方から見て、子どもがなんか伸び伸びとしていないなとか、学校から帰ってきて、全然学校の話をしないなとか、馴染めていないような雰囲気を感じるのであれば、一度試しに行ってみるのもいいかなと思います」

入学考査までのステップとして子どもたちはＴＣＳに体験入学をし、そこで自らがＴＣＳに通いたいと思った子が集まっている。学年によっては、公立や私立の小学校から編入してきた子もいるが、近年では、定員を超える入学希望者がいるため、途中からの編入は難しくなっている。

スクールと保護者は「子どもの成長を支援するパートナー」

保護者は、入学考査時の面談で「グリーンシート」と呼ばれる、ＴＣＳと保護者の間で価値観や教育観を確認するためのシートの説明を受け、それに同意できる場合のみ入学を申し込むことになっている。グリーンシートには、家庭とスクールは「子どもの成長を支援するパートナー」であると書かれている。子どもの適性によってＴＣＳに入学できないということはほとんどなく、親の考えがスクールと合致していることが最も大事であるとスクール側は考えている。

在校生コウゼン君の母は、ＴＣＳの保護者には「この時代に自分の子どもが自分の力できちんと生き抜けるのだろうか」という危機感を持った人が多いと感じる。『ＡＩに全部仕事を取られた場合にどうサバイブするか』のような、どうなっても大丈夫な人間力を子どもに持たせてあげたいと思っている親が多い気がしますね。ＴＣＳに合うかどうかで大事なのは、親がグリーンシートに同意できるか否かだと思います。どんな子にとっても、良い学びを得られるところだと思うので、こういうタイプの子どもが向いている、というよりは、親のマッチングのほうが重要な気がします」

在校生マヤさんの父は、「チャレンジ志向」の家庭が合いやすいと感じたという。「ただ受験でいい学校に行かせたい、という考えではなく、いい意味で不安を持って、この先の未来をどうしていこうか、と前向きに考えている家庭のほうがＴＣＳに合うのではないかと思います」

全校生徒の人数が少ないこともあり、保護者が他の子どものことをよく見ているのも特徴的。6週間ごとのプレゼンテーションやその他の行事でも、子どもたちの様子を見る機会が多く、自分の子どもだけでなく他の子の成長も一緒に見守ることができる。在校生の名簿を作成したり、「TCSジャーナル」と呼ばれる会報紙を発行したりすることも、保護者が自発的に役割を果たしている。

コウゼン君の母は、その点でも他の小学校や幼稚園との違いを感じている。「TCSには『あなたは何係で』という決まりがありません。そういったものがないからこそ、自発的に保護者がコミュニティを形成して動かしているのだと思います。プレゼンなどで実際にスクールに行く機会も多いので、皆さんのお子さんの成長を見守っていけるのも面白いですよね。強制じゃないので、親戚の集まりのような気持ちで楽しみにしています。女の子に久々に会うと急に大人っぽくなっていたりして、ちょっと感動しますね」

卒業後はどんな進路が多い？

ＴＣＳには中学校の部はないため、一般の公立中学校に進んだり、受験をして私立中学校に進学したりする。

小学校3年生からＴＣＳに転校したナオコさんは、公立小学校と違ってＴＣＳではスタッフ（先生）との距離が近いこと、自ら授業に参加し、積極的に意見を言わないと授業にならないこと、自分で考え検証して学ぶことが多いところが印象的だったという。ナオコさんは中学から私立の学校へ進学した。興味のある美術系の授業は楽しかったが、それ以外の座学の授業は受け身で楽しくはなかった。また、突然友達から無視されるなど、人間関係が面倒だと感じたこともあったという。ＴＣＳでは「個」が大事にされていて、それぞれの個性が認められたが、中学校では「みんなと同じでないといけない」「周りの目を気にしないといけない」ような風潮があると感じた。高校からアメリカに留学すると、自主的に学ぶ姿勢が求められること、自分の意見を出し合って議論することが多くなり、それが自分の学びを深めてくれるように感じた。現在は日本に帰国し、留学支援を行う仕事をしている。

ナオコさんの妹のマイコさんは、最初からＴＣＳに通ったため、ＴＣＳが普通の小学校とはかなり違うと気付いたのは、卒業後に地元の公立中学校に進んだ時だった。ショックだったのは、公立の小学校から上がってきた子たちのほとんどが自分の意見を言えなかったり、そもそも自分の考えを持っていなかったりすることだった。ＴＣＳでは自分の意見を言って、率直にぶつけ合うのが当然だったので、最初はとまどったが順応して過ごしたという。ＴＣＳで学んで得たことは、一つの物事に対してさまざまな見方が自然とできるようになったこと。また、人を「嫌な面」「好きな面」で見るのではなく、その人をその人として見ることができることだという。現在はオーストラリアの大学に留学し、個性を活かせる服作りを勉強している。

国際コースのある私立中学校に進学したカレンさんは、海外からの帰国子女の友達も多く、ＴＣＳと同じように、はっきりと自分の意見を言う子が周りに多かったため、中高時代もあまり違和感なく過ごすことができた。ＴＣＳでやりたいことにチャレンジすることを覚えたカレンさんは、高校生の時にＳＮＳで見つけて参加したタイの山岳地域でのボランティアをきっかけに、途上国開発の分野に関心を持った。まずはリベラルアーツの分野から幅広く学んで視野を広げたいと、この夏からアメリカの大学に進学する（現在はコロナの影響で日本の大学に通いながら待機中）。

3. 東京賢治シュタイナー学校

設立	1999 年
所在地	東京都立川市
運営団体	特定非営利活動法人 東京賢治の学校
対象	0 歳～ 18 歳 (幼児部、小中学部、高等部) ※このほか、保育園も運営している
会費・利用費	< 幼児部 > 【入園金】120,000 円 【施設拡充費】12,000 円 【NPO 法人正会員】 入会金 (初年度のみ) : 3,000 円、年会費 : 2,000 円 【保育料 (月額)】36,000 円 【施設管理費 (月額)】5,000 円 < 小中学部・高等部 > 【入学金】 小中学部 : 250,000 円、高等部 : 300,000 円 【施設拡充費】12,000 円 【NPO 法人正会員】 入会金 : 3,000 円、年会費 : 12,000 円 【授業料】540,000 円 (45,000 円× 12 ヶ月) 【施設管理費】60,000 円 (5,000 円× 12 ヶ月) ※クラス費や教材費、校外活動費、実習費等が別途発生

東京賢治シュタイナー学校は、保育園の3年間、幼児部の3年間に加え、小学校1年にあたる小学部1年生から高校3年生にあたる12年生まで、計18年間の一貫教育を実践しているスクール。２０２０年7月時点で合計２１７名が所属しており、内訳は保育園11名、幼児部29名、小中学部１２２名、高等部55名。小中学部の1年生から8年生までの8年間は、同じ教員が継続してクラス担任を受け持つところが特徴。

教育は、ドイツの哲学者であるルドルフ・シュタイナーが提唱した教育思想「シュタイナー教育」に根ざしたもので、「子どもの発達に合わせて、その時にもっともふさわしい教育をする」ことを大切にしている。0歳から7歳までは身体を動かしながら「意志」の力を育み、7歳から14歳までは「心」や「感情」を、14歳から21歳までは「思考」の形成に重点をおいた教育が行われている。

国内にあるシュタイナー学校の中でも同校の特色といえるのが、「日本の文化に根ざした」学び。校名に掲げられているのは、作家・宮沢賢治の名である。シュタイナー教育の原点「大地に根ざした教育」と同じ思想を抱いていた宮沢賢治の精神を取り入れることで、ドイツ発祥の同教育を日本の風土に合わせて行っている。

毎日105分、集中して行われる「エポック授業」が特徴

全ての学年の1時間目に行われる、105分の「エポック授業（中心授業）」が特徴。一般の学校の国語、算数、理科、社会にあたる教科を、それぞれ2〜4週間ほどの期間で集中して学ぶというもの。脳の活動が活発な朝の時間帯に、毎日特定のテーマを集中的に学ぶことによって、生徒自身が授業内容に深く入っていくことができ、学習効率を高められる。生徒は帰宅後、練習帳に授業の内容をまとめ、翌日に発表。その際に教師と生徒で話をしながら、「エポックノート」として清書をする。学んだ知識を一度寝かせてまとめ、記憶に定着させていくところまでが、エポック授業のサイクルである。

授業内容は、子どもの心や身体の成長段階に合わせて進める。たとえば入学したばかりの1年生の「国語」は、メルヘンやイメージ豊かなお話を通して、ひら

がなや漢字などの「文字」に出会うところからスタート。4年生になると、「動物学」として人間の体と動物の体を比較。メルヘンの世界ではなく現実世界に目覚めたタイミングで「理科」を学んでいく。思春期を迎える7年生では、生活に存在する「化学」的な現象や力学の分野を通して、はっきりとした「物理」法則を学習。「どうしてそうなるのか？」という問いに向かうことを大切にしている。

現在事務局を務める桐澤さんは、授業に窮屈さを感じていた息子を公立小学校から東京賢治シュタイナー学校へ転校させたが、心と身体をいっぱい使って子どもたちが生き生きと学んでいる様子にとても感動したという。

桐澤さんの息子は「この学校だったらずっと遊んでいられると思った。低学年の頃は遊びながら、知らないうちにいろんなことが学べていた」と言っていたそう。この学校の一番の魅力は、カリキュラムが子どもたちの心も身体も含めた成長段階に合わせたものになっているため、それぞれの子どもが、背伸びをしなくてもありのままの姿で成長できる学習環境があるところだと、桐澤さんは考えている。

一年を通じて継続的に学びを進めていく授業「専科」

週1回〜3回の割合で、継続的に組まれる「専科」。音楽や体育、美術、外国語などの一般的な科目のほか、「オイリュトミー」と呼ばれる言葉や音楽を身体で表現する運動芸術や、種蒔きから収穫・調理・食事までの一連の流れを通して命の尊さを学ぶ「園芸」などが実践されている。

外国語の授業では、その国の言葉を習得することが目的の一つではあるものの、それだけではない。低学年から言葉を通して、その国のメンタリティに馴染んでいくことで、個が成長しやすくなる。一つの言語だけを勉強すれば、その国のメンタリティだけが養われることになるが、同時に他の国の言葉も学ぶことで、他の国のメンタリティもその子の中に入ってきて、より個が成長しやすくなる。外国語を習得するのに適した年齢は低学年から始まるため、1年生から外国語の授業を行う。外国語教育としては英語とドイツ語を導入しており、小さい子どもが自分の母国語を習得するように、生徒は先生を真似しながら覚えていく。詩を唱えたり、歌を歌ったり、寸劇をしたりして、外国語の持つ韻やフレーズ、メロディリズムなどの音楽性に慣れ親しんでいくのだ。4年生からは文法の学習が導入され、文章構成への理解がさまざまな過程で行われる。高等部では、ほぼ外国語の原文を使った授業が展開されている。

＜低学年の授業風景＞

＜校舎の外観＞

また、東京賢治シュタイナー学校では、朝から夕方まで音楽が響き渡っている。朝のエポック授業は歌やリコーダーから始まり、専科としての音楽の授業も週2回行われる。専科では、1年生から3年生までは音の優しい響きに耳を澄ましながら歌を歌い、身体を動かしながら音楽に親しみ、リコーダーを習得する。3年生からはそれぞれの個性に合わせて楽器を演奏していく。上の学年の子どもたちが、バイオリン、チェロ、ピアノ、フルート、クラリネット、サクソフォーン、ビオラ、馬頭琴などいろいろな楽器を演奏している様子を目にしているので、さまざまな楽器の中から子どもの意志で好きな楽器を選べるようになっている。4年生からは楽譜が導入され、学年を追うごとに音楽のバリエーションが広がっていく。高等部ではオーケストラや合唱がより体系的になり、高度な音楽性を生徒に要求していく。

多摩川近くの立地を活かした課外活動から、日本の風土に根ざした学びも

自然と触れ合う体験や学習の機会がたくさん設けられている。たとえば1年生から3年生までは、学校の近くにある多摩川へ毎週のように通い、四季の移り変わりや自然を感じる。6年生は、海や山での自然体験学習がある。8年生になるとサバイバルな体験が増え、自分で川を下るカヌー体験やスキー合宿、クロスカントリー体験などのアウトドア活動を行っている。

七夕や節分などの季節行事だけでなく、伝統芸能も積極的に取り入れている。たとえば7・8年生では、日本史の授業と並行して「能・狂言」を、言葉の発声、表現の仕方も含めた学びとして取り入れることもある。毎年10月は、アイヌ民族の方との交流の日を持ち、アイヌ民族の学習を行う。話を聞き、刺繍や踊り、歌を歌うなどの経験をすることができる。

東京賢治シュタイナー学校周辺マップ

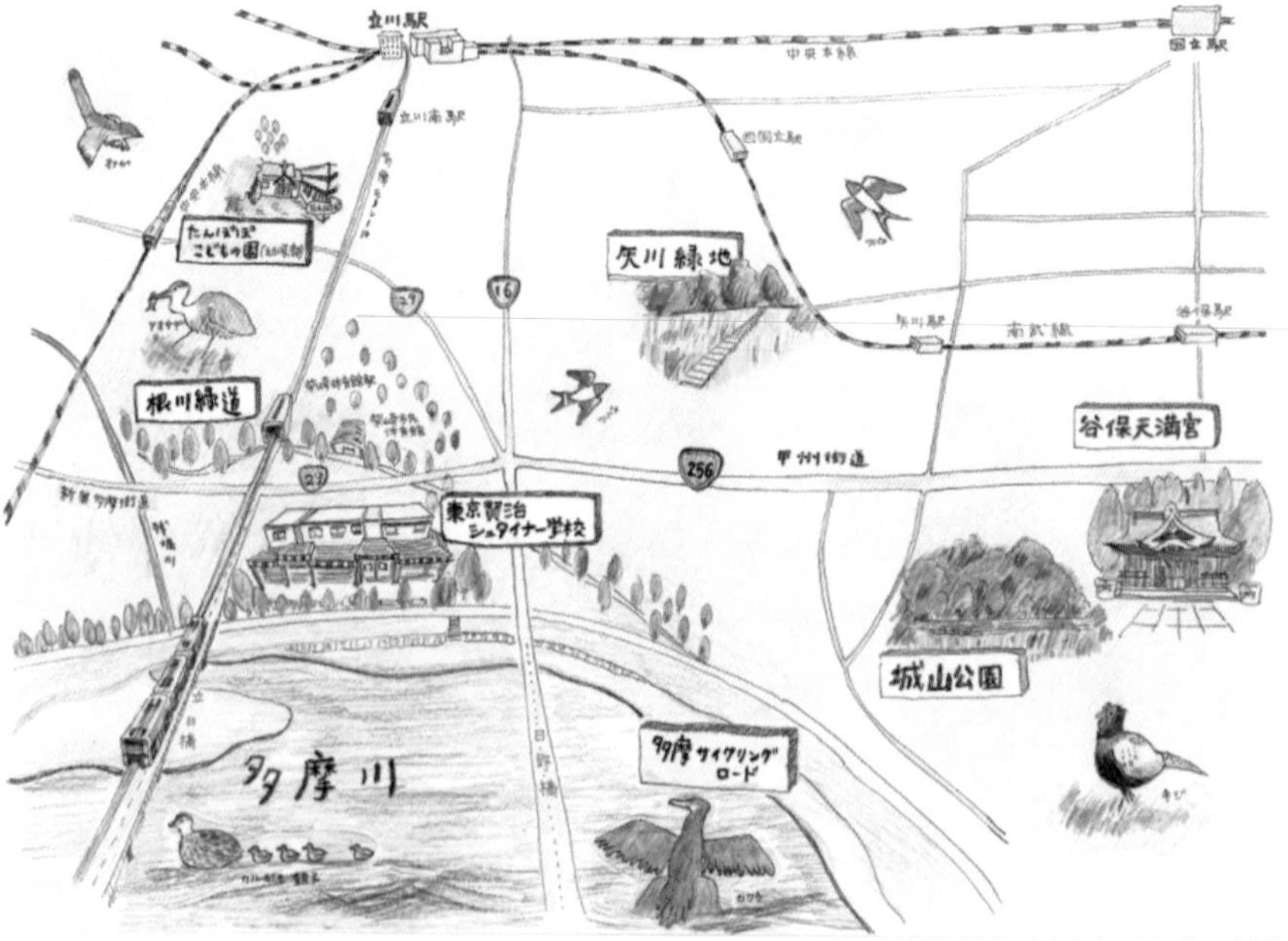

出典：東京賢治シュタイナー学校 ウェブサイト

ＩＴの学びはコンピューターを作るところからスタート

9年生（中学3年生）になると初歩的な二進法の計算機、つまり「初期のコンピューター」を作るところからＩＴの学びがスタートする。コンピューターの誕生やその社会的背景を学び理解を深めながら、ワードによる文書作成やプレゼンテーション資料作成などの実習を経て、12年生（高校3年生）では卒業論文を仕上げる。コンピューターの本来の意味を見極められるような学習体制が整っている。

シュタイナー学校の教師資格を持つ教師たち

担任教師が12名、幼児部教師が5名、専科教師が17名、ドイツ講師が8名在籍。現場に立っているほとんどの教師たちは、シュタイナー教育の教師研修や教師を養成する「教員養成ゼミナール」を受講している。

この学校では、ドイツの教員養成学校と連携した独自の教員養成が行われており、受講生は1年間基礎コースで学んだ後、最短2年間の教員養成実習コースに進む。必要な単位を取得した卒業生は、ベルリンの教員養成が発行する「シュタイナー学校教員免許」を取得することができる。

双方の理解を大事にする入学選考

以前は「シュタイナー教育」とは何かを知らずに入学してくる家庭も多かったが、最近はシュタイナー教育を実践している保育園や幼稚園が増えたこともあり、引き続きこの教育で学ばせたいということで志望し、入学してくる家庭の割合が増えてきたという。

入学の選考については、双方向に理解し合い、ぜひここでやっていきましょう、という合意を取るための対話、やり取りを丁寧に行っている。

なかには発達に課題があるお子さんもいるが、その場合は、その子の成長を支えるためのふさわしい教育ができるかどうか、また、一クラスひとり担任で責任を持って8年間のクラス運営ができるかどうかを慎重に見極め、最終的にはクラス担任が対応できると考えれば受け入れる。

シュタイナー学校は「親と教師がつくる学校」

子どもたちにとって本当に必要な教育をつくり出すため、子どもを真ん中に置いて、教育と運営では親と教師が責任を持ち、親がそこを支えていくことを大切にしている。たとえば「親のための講座」が定期的に開催されており、「シュタイナー教育」を親が学べる機会もある。

「子どもの入学式の際、親のための入学式も行っています。親も入学おめでとう、これから12年間、教師、子ども、親が一体となって、一緒に学んで成長していきましょう、という励ましと歓迎の場です。親の関わりがなければ、シュタイナー学校は成り立ちませんから」（事務局 桐澤さん）

また、月に1回程度「クラス会」も実施している。クラス会は、「この年齢の子どもたちは今こういう成長段階にあって、このような学びに取り組んでいる。

親御さんはこのように家でサポートしてください、こんな風に声をかけてくださ い」ということを親に伝えるための大事な機会である。

親がさまざまな活動に関わることも特徴的だ。たとえば、校舎を修繕したり、必要なものを作ったりすることにも保護者が積極的に関わる。それにより、親同士の関係が育まれ、親自身の学びや成長にもつながる。また、子どもたちが協力し合って学校を支える親の姿を見ることで、どんなことがあっても、人と協力し合いながら自分の力で何かを生み出し、生きていく力を育んでいけると考えている。

こうして12年間、親や教員などさまざまな大人たちの、大きな愛に包まれ、見守られ、支えてもらいながら成長してきたという実感を持つことができる、と子どもたちは言う。「子どもにとって、大きな安心の中で育つことは、社会に対する信頼を身に付けることにつながっている。それこそが、この学校で学ぶメリットだと考えています」（教員 長谷川さん）

卒業生はどんな進路を歩む？

卒業生は現在累計で122人。そのうち46名が四年制大学へ進学している。このほか、短大や専門学校への進学、海外留学などさまざま。たとえば、卒業生の中には、次のような進路を歩んでいる子どもたちがいる。

Aさんは、芸術品修復の専門学校に入学し途中退学、ドイツユーゲントゼミナールに入る。ゼミナール卒業後帰国、受験勉強を経て東京芸術大学に進学した後、東京芸術大学大学院へ入学。

M君は、卒業後ユーゲントゼミナールに進み卒業。その後南米に渡り、ボランティア活動などをして帰国。東京賢治シュタイナー学校高等部教師を2年経験してから、アジアに旅立つ。帰国後は農業をしながら、再び教師として教壇に立つ。

I君は、環境問題を専門に学ぶために、在学時代からコツコツ勉強を重ねて、目標にしていた鳥取環境大学に現役で合格。地元の人たちや土地の文化と深く交わりながら環境問題を学び、今年4月から慶応義塾大学SFC大学院に進学。

本当の学びと、ぶつかり合う経験から生まれる自信

元公立小学校の教員だった長谷川さんは、「ここには、子どもたちにとっての本当の学びや気付きがある」と感じる。たとえば、たくさんの感覚体験や自然体験などをイベント感覚でやるのではなく、初めから終わりまで、たとえばお米を作るといったら、土地を耕すところから、精米して食べるところまで、全部を体験するということを大事にしている。そういう、人間が生きていく中で学んできたものをここで追体験して学ぶことができる。

さらに特徴的なのは、12年間ずっと同じメンバーと同じクラスで学ぶため、嫌なことがあっても逃げ道がないということだ。大人が間に入るので安全な形ではあるが、子どもたちは何らかの形でぶつかり合うことを体験する。そうすると、

人間関係について年齢に応じた考え方を身に付けていくことや、人と人がぶつかり合ったりしながらも、ちゃんと語り合って理解していくということを体験することができる。こうした環境と経験によって、卒業する時には、揺るぎない自信を身に付けていく。子どもたちは「自分には根拠のない自信がある」と言うそうだ。

4. フリースペースコスモ

設立	1993 年
所在地	東京都三鷹市
運営団体	NPO 法人 文化学習協同ネットワーク
対象	義務教育年齢～10 代後半
会費・利用費	【月会費】22,000 円 (基本会費 10,000 円 + 活動参加費 12,000 円) 【年間諸経費】50,000 円 【NPO 年会費】3,000 円 【親の会・年会費】3,000 円 【相談料】3,000 円 /1 時間 (在籍保護者は無料) ※交通費や入園料、体験プログラム参加費など、活動にかかる費用は別途必要 ※会費補助制度あり (三鷹市の生活困窮世帯は一部減免あり) ※兄弟の場合、二人目からは月会費のみ

東京都三鷹市の文化学習協同センター内にあるフリースペースコスモ（以下、コスモ）は、義務教育年齢から10代後半までを対象としたフリースクール。月曜日から金曜日まで、毎日10時～17時まで開校しており（木曜日のみ13時～17時）、子どもの気持ちや状態に合わせて通うペースを自由に決めることができる。入会しているのは約25名で、そのうち毎日顔を出す子は15名ほど。決められた時間割に従って勉強したり生活したりすることに馴染めない子どもたちが通う「学習塾」が前身となっており、１９９３年に不登校の子どものための居場所として設立された。つくる活動や表現活動などを中心に、子どもたちによる話し合いで運営されているところが特徴で、自分のペースで自分の「学び」をつくることができる場となっている。２０２０年から高等部もスタート。

スタッフと子どもたちは、一緒に学び場をつくる仲間

事業部責任者の佐藤真一郎さんは、父である洋作さんが設立したコスモに当初ボランティアとして参加して以来25年間スタッフとして在籍している。

スタッフと子どもたちは「先生と生徒」ではない。スタッフは子どもたちと一緒に「楽しい」「ホッとする」スペース・学びの場をつくっていく仲間であり、子どもたちの興味関心に寄り添いながらともに学ぶ伴走者だ。子どもたちとはあだ名で呼び合っている。

子どもたちがミーティングで話し合ったりして物事を主体的に決めていくことを大事にしているため、スタッフはあくまでサポート役。子どもたちだけでは難しい部分をサポートしたり、「社会とつながるための回路」を多様につくりながら、子どもたちの興味の種を育てていけるような助言をしたりしている。

学びは「居場所」から始まる

コスモは子どもが中心で、「評価のまなざし」から自由になれる、ということを大事な価値観にしている。「こうしなければならない」というルールはなく、自分のやりたいことや挑戦したいことを出し合って、「今月は何をするか」をみんなで考えられるところが特徴的。企画から計画、実行まで行うことが、子どもたちの日常的な学びの中心、活動の中心となっている。お互いを受け止め合い、尊重し合う体験の中で、自分たちが主体となって居場所をつくっている。ただし、9歳10歳の子どもたちの世界の中だけではアイデアが不足してしまうこともあるので、スタッフから興味の種をまいて提案する場合もある。

卒業生からは、「メンバーたちで話し合いをいっぱいすることで、ちゃんと人と話せる力を獲得できた気がする」「たくさん遊ぶ中で『人と生きていける』という自信をもらった」「自分の心と身体の声を聞いて軌道修正することが必要。その方法をコスモで教わった」などの声が寄せられている。

教科の学びは文化学習センターで

同じビル内に連携団体である地域の学習塾「文化学習センター」があり、そこでスタッフや大学生が学びのサポートを行う。教科学習にとどまらず、「夏の合宿」や「受験生を励ます会」、「スキー合宿」などのさまざまな活動を通して、学ぶ意欲と学ぶ仲間をつくっている。

心と五感を動かす「体験的」な学びも

プログラムは基本的に子どもたちが決めていくが、なかにはスクールの伝統で20年以上続いている行事もある。一つは、長野県佐久市の農家の協力により1999年から行われている「お米づくり農業体験」だ。種まきから田植え、稲刈り、脱穀など、ほぼ全てを手作業で体験できるもので、そのプロセスをどのようなペースで行うかなどは子どもたちの話し合いを通して決められていく。異年齢のメンバーで体験するため、中学3年生がリーダーシップをとって後輩を引っ張ったり、小学4年生の子は自分にできる掃除を手伝ったりと、小さな社会の中でそれぞれの役割を果たしながら進めていくところが学びにつながる。

もう一つは、毎年夏に行うキャンプ「冒険旅行」。たとえば高知県四万十川で10泊11日ものキャンプ生活を実施し、沈下橋からのダイビングや、手長エビ漁などの川遊び、自然観察を行ったりする。昨年は佐渡ヶ島に一週間以上、自分たちで作った米だけを持って行ってキャンプをした。旅行の計画は子どもたちが話し合って一から決めており、自分が感じたことや気付いたことを、パソコンを活用して「報告書」として文章にまとめる作業もある。報告書内で上級生の使う「漢字」を見て下級生も真似をするなど、自発的な学びも誘発する。

コスモでの過ごし方

「フリー&勉強」の時間は、思い思いに好きなことをしたり、好きな勉強をしたりする。「グループ企画」や「みんなで企画」は話し合いで企画したことをやる時間。月に一度、自分のやりたいこと、挑戦してみたいことを出し合い、その月の予定を決めていく。

毎日夕方のミーティングでは「明日の会」として、今日の振り返りと明日の予定を話し合う。

【図表 3-2】フリースペースコスモ時間割例

	月	火	水	木	金
10:00 〜	フリー & 勉強	フリー & 勉強	休み	フリー & 勉強	フリー & 勉強
13:00 〜	グループ企画 料理・絵画 etc.	みんなで企画 実験・学習 etc.	グループ企画 運動・読書 etc.	みんなで企画 パーティー etc.	みんなで企画 パーティー etc.
16:00 〜 17:30	フリー & ミーティング	フリー & ミーティング	フリー & ミーティング	フリー & ミーティング	フリー & ミーティング

出典：フリースペースコスモ ウェブサイトを元に著者作成

異年齢で活動することで、周辺参加から主体的な参加へ成長していく

コスモのプログラムは、基本的に子どもたちが話し合って決めていくことが中心だが、最初から自分で主体的に動ける子ばかりではない。たいていは、周辺的なところから参加していくことが多い。

たとえば農業体験に行くと、最初は何もできず、ただ見ているだけだったりするのだが、そのうち、ちょっとお掃除を手伝わせてもらうとか、料理の時に玉ねぎの皮をむくとか、そういう小さなことをやらせてもらうようになる。異年齢で一緒に活動することで「すごいな、このお姉さんたち、お兄さんたちは」と思う。次の年は、もう少し何かやりたいなと思って、会議でも少しだけ発言してみると、年上のお兄さん、お姉さんたちが「すごいね」と喜んでくれる。じゃあ、次の年はもうちょっと、という具合に徐々に積極的になり、気付いたら中学校3年生の年になって、かつて「格好いいな、すごいな」と思っていたお兄さんやお姉さんの立場になっていた。そういうふうに、自然に成長していくことができる。

少し先にいる先輩たちが「おいでよ、おいでよ」と引っ張ってくれたり、背中を押してくれたりする。そうやって、メンバーの中で、サポートされる立場からサポートする立場にだんだんと関係性が変わっていき、徐々に主体的になっていくという。

多様性の中でそれぞれの立場を理解することを学ぶ

コロナの対応で休校していた期間に、スタッフがオンラインで子どもたちに「自粛警察についてどう思うか」という投げかけをした。その話し合いの中で、小学校5年生の子どもが「それぞれの正しさがあるんだよ、だからそれぞれの立場をしっかりと知る必要があるんだよ」と言った。異年齢で頻繁に話し合いをしていると、そういういろいろな視点、それぞれの経験や考え方が大事にされる空間というのができあがる。それは今後、とても大きな意味を持ってくる、とスタッフの佐藤さんは感じている。「いろいろな立場の人がいるんだということを、子どもたちは異年齢の場の中で経験しています。そこでうまくお互いを認め合いながら生きていける小さな社会をつくっているんですね。今は、多様な文化を持った、いろいろな国の人たちが日本にやって来ている時代。コスモで実体験を通して学んでいることが、これからの社会を生きていくうえで、とても大事になると思います」

勉強をするよりも、「自分は大丈夫」という感覚を養うこと

保護者の方には「こんなに勉強しなくていいんですか？」と聞かれることもあるという。スタッフの佐藤さんは自信を持って「大丈夫」と答える。むしろ、勉強ができる・できないということよりも、「私はここにいても大丈夫なんだな、この人たちと一緒にいられるんだな」と思えること、「こういう人たちの背景にある社会は多分大丈夫だな」と思えること、「次の社会でもきっと楽しいことがあるんだ」という予感や希望のようなものが大切だという。自分はいろいろな人に支えてもらいながら生きていけるんだ、という感覚を持っている子は、しっか

り自立していくことができる。このプロセスを大事にして、共同でやっていくことが大事な時期なのだ。「共同でやる」ということは、同じことをやるということではなく、それぞれの個を大切にすること。そういう経験が、子どもたちが「若者」に移行していく大切な時期を支えていくと佐藤さんは考えている。

社会とのつながりを支える強力なネットワーク

前述の「文化学習センター」のほか、コスモの学びを支えるネットワークはさまざま。「みたか地域 若者サポートステーション」は、社会的自立を目指す15～39歳を対象に、個人面談を通して支援する場所。ハローワーク三鷹と連携し、就労や進学・復学などの次のステージを目指す。コミュニティ・ベーカリーの「風のすみか」は、働くことや社会に参加することにハードルを感じる子が、働きながら学べるパン屋。失敗の許される職場として、社会との出会いを徐々に発見することができる。

<子どもたちによるミーティングの風景>

<お米作り農業体験の様子>

コスモに入学してくる子どもたち

コスモに入学してくる子の多くは、不登校の子どもたち。保護者からの相談をきっかけに、入学を決める。原則として、入会希望があれば全て受け入れている。

OGのケイさんは、コスモで本当にいろいろな経験をさせてもらったと感じている。「コスモでは、メンバーたちでたくさん話し合いをした。それにより、ちゃんと人と話せる力を獲得できた。人と一緒に生きることをやめずに、人と接してこられたから、今の仕事をしていて困難なことがあっても踏みとどまっていられる」と感じている。

OBのタツキさんは、コスモでいっぱい遊ぶ中で「人と生きていける」という自信をもらったという。「なんとかなるぞ」と思えるようになった。必要な時に必要なことを調べればいい。教えてもらえばいい。そう思いながら、今も仕事をしているという。

保護者とスタッフのネットワーク

不登校の子を持つ保護者が運営にも関わり、定期的に意見を出し合うことで、子どもたちの学びを後押ししている。一つは「保護者面談」。主に年末年始や学年の節目で面談期間を設け、コスモでの様子と家庭での様子を共有している。二つ目は、月1回、日曜日に不定期で開催される「親の会」。親同士の仲間作りの場として、保護者が中心となり運営している。三つ目は、月1回、土曜日に不定期で開催される「運営会議」。学びの内容など、コスモの運営に関して保護者とスタッフが対等な立場で話し合っている。

自分の子ども二人がコスモに入学したある保護者は、こうした場があることを貴重なことだと感じる。「自信が持てず無気力な状態から、自分で考える力やコミュニケーション力を身に付け、今自分のやりたいことに向かって、自分で歩むことができています。子どもたちの体験を発表する場に参加し、毎月の親の会で子どもの成長や変化を語り合えたことは、今思うと、子育てを親だけでなく、みんなでできた貴重な時間でした」

思い思いの進路を選択し、さまざまな分野で活躍

義務教育の期間が終わると進路を自分で決めるため、高校を受験したり、高校入学の年齢になってもフリースペースに残ったり、通信制のサポート高校に通ったり、人それぞれの進路を選ぶ。卒業生は、社会に出てから、CMプロデューサー、車掌、経済系のブロガー、大学院生、ゲーム製作、アニメ製作など、さまざまな分野で活躍している。

佐藤さんのもとには、今や30代後半になった卒業生から連絡がくることもある。「30代になると、自分が不登校だった時期とか、コスモにいた時期に意味づけをできるようになるみたいですね。コスモは、『大丈夫だっていう感覚を付けていく場所だったんだ』と言ってくれる子たちもいます。そうやって安心感を得る場

所であると同時に、いつも『あなたはどうなの?』と聞かれる分大変だったけど、それがその後の自分の歩みには大事だったと言う子も多いですね」

5. デモクラティックスクール さくらんぼ学園

設立	2014 年 6 月
所在地	東京都八王子市
運営団体	デモクラティックスクール さくらんぼ学園
対象	4 歳から 19 歳
会費・利用費	【見学】1 回まで無料（一口 1,000 円以上の寄付を受け付けている） 【体験入学】10,000 円（5回まで通える） 【学費】40,000 円（1ヶ月） 【入学金】100,000 円

デモクラティックスクール　さくらんぼ学園（以下、さくらんぼ学園）は東京都八王子市にあるスクールで、コミュニティハウスを借りて週3回運営されている。モデルとしているのは二つの国の教育思想。一つはフィンランドの「競争や学歴よりも、本当に自分が望むことをする」「子どもたちが将来、心に『愛』と『信頼』を持った大人になってほしい」という考え方。もう一つは「子どもの自主性や創造力を尊重することに重きを置いた」アメリカのサドベリー教育。これは、シュタイナー教育やモンテッソーリ教育などとともに、世界的にも注目されている。

デモクラティックスクールとして、「子どもは自らのやり方で学び育つことができる」を教育理念としており、全体に関わることはみんなで話し合い決定することを大切にしている。生徒は現在、高校生が1名、小学生が2名。クラス分けはなく、異なる年齢の子どもたちがともに学び合う環境となっている。

もともと小学校教師だった代表の下村健士さん。さくらんぼ学園設立のきっかけは、8年間勤務していた学校にある日突然通えなくなってしまったという、自らの大人になってからの不登校経験。忙しすぎる毎日と、子どもよりも学校の仕事が優先される学校現場に、心がパンクしてしまった。3年間、何もしない中で自分を見つめ、自分らしい生き方を問い続けた結果、出した結論が「学校をつくる」ことだった。大人の不登校を味わった自分だからこそ、学校に合わない子どもの違和感や疎外感に共感できるのではと考えた。下村さんは、世界を旅していろいろな学校を見学した。アメリカのサドベリー・バレー・スクール。フィンランドの、人間が大切にされる教育。日本初のデモクラティックスクール「まっくろくろすけ」。30年の歴史を持つ東京シューレ。およそ30の学びの場を見学して、つくりたい学校を設計してきた。そして、学校に馴染めなかった一人娘と二人で2014年さくらんぼ学園を立ち上げた。

決められたカリキュラムはない。好きなことへの主体的な取り組みを大事に

「人は自らの好奇心から学ぶ時、深く集中して学ぶ」という考えのもと、さくらんぼ学園には、あらかじめ決められているカリキュラムや時間割がない。子どもたちは、自分自身がしたいことをする中で日々学び、さまざまなことを身に付けていく。

好きなことに時間制限なく打ち込めるので、「持続力」「集中力」が自然と身に付く。また、自分で時間をやりくりし、自らイニシアティブをとって動くという学び方から、「自分の予定を立てる力」「工夫する力」「想像力・創造力」「情報を集め、役立てる力」なども習得できる。これらは、学齢期を終えて次の道に進む際に必要となる、生きる力や学ぶ力の土台となる。

決まった時間割はないが、たとえばコミュニティハウスにいる元大学の先生に数学を学んだり、大人にギターを教えてもらったりすることもある。さまざまな

職種や経歴を持つ大人との自然な交流を大切にしている。

「さくらんぼ学園では好き勝手できる代わりに、その結果は全部自分に返ってくる。それはやってみたからわかる。ただやりたいことをやるだけじゃなくて、将来に役立つこともやっていこうと自然に思うようになった」とOBのオーシャン君は言う。たとえば勉強も、学校でやらされていた時とは違い、「漢字は読めないと困ると思うから勉強する」と自分で決めるようになっていったという。

みんなの「話し合い」で物事を決めていく

朝と帰りに実施している日常のデイリーミーティングと、1週間に1回の大きなミーティングがある。大きな課題は、たとえば「コロナの影響で周りの公立学校は休校が延びそうだけど、うちはどうするか」「スクールの日数を増やそうか」など。さくらんぼ学園では、学校のルールを決めるなど、子どもたちが学校の運営にまで参画する。こうした日々の体験を通してコミュニケーション能力を高め、全体と個の関係を理解しながら、「自由と責任の関係」や「互いの尊重」「平和的な物事の解決」を身に付けていく。

このミーティングの中から、皆で旅行に行く計画が生まれることもある。兵庫県のデモクラティックスクール「まっくろくろすけ」を訪ねたり、子どもの一人が見たがった「こけし」を見に岩手県に行ったり。近場では、江ノ島が子どもたちのお気に入りで頻繁に行く。神社に行ったり、お土産物屋を見て回ったり。子どもたちで計画を立てて、その通りにいくこともあれば、いかないこともある。その反省も含めて、主体となるのは子どもたちだ。

「小学校では、あれやれ、これやれと指図をされるだけだったけど、さくらんぼに入ったら自分の意見を求められた。最初はそんなことできないと思ったけど、さくらんぼで生活するうちに、だんだん自分の意見を言えるようになった」（OBのオーシャン君）

「さくらんぼ学園は、ただそこにいるだけだと何も起きなくて、何かをしたいと思って発言すると、それが実現できる。そういう場所だ」と、スタッフの下村さんは言う。

スタッフの一番の役割は子どもたちと信頼し合うこと

スタッフは下村さん一人だが、子どもたちはスクールのあるコミュニティハウス内の大人とも交流しながら、さまざまな人との関係を育んでいる。「スタッフの一番の役割は、子どもたちと信頼し合うことだと思っています。たとえば『君なら大丈夫だよ』と、どこか全肯定で見てくれる人がいるだけで、悩みごとがだんだん楽になっていくこともありますよね。そういう存在がいることが、とても大事だと思います」

とにかく子どもの主体性を大事にしており、下村さんから提案することはあまりなく、あくまでサポート役に徹しているという。

自分のペースで過ごしたい子どもたち

「これをしなさい」と言われたり、集団でみんなのペースに合わせて勉強したりすることよりも、自分のペースで進めたい子どもがここには多い、と下村さんは言う。「『自分でこれをやりたいんだ』というのがあるために、納得できないことについては絶対やろうとしないような、そういうところがありますね」

さくらんぼ学園に長く通っている高校生のまりもさんは、さくらんぼ学園について、特に他の子どもたちと会話をするわけではなくても、ただ会話を聞いているだけで、居場所としての心地よさがあるという。まりもさんは、神話や宗教に興味があり、そうした本を読むのが好きだという。自分で勉強して大学に入り、さらに自分の興味のある内容を学べたらと考え、必要な勉強を始めたところだ。

OBのオーシャン君は、小学校時代に理由もなくひどいいじめにあった。母親の知人に教えられて、さくらんぼ学園に体験に来た。「さくらんぼ学園に入って自分の生活、自分の考えがとても変わった」という。最初のうちは絵ばかり描いていた。好きなことだけができる。そういう時間は、一般の学校にはない。自分の意見を自由に言えること、自分の興味があることを好きなだけやれることが特別だった。勉強の中では歴史が好きで、過去に何かが起きたおかげで今の世界がある、ということがとても興味深いという。教科書で学ぶのは嫌いだが、興味のある映画や本を使って学ぶのは楽しい。オーシャン君は、さくらんぼ学園に通いながらモデルの仕事を始めた。今は通信制のN高等学校で学びながら、モデルの仕事を続けている。20代、30代の年上のモデル仲間やカメラマンたちと、気兼ねなく会話ができることが楽しいという。

＜卓球に夢中になっている様子＞

＜ビリヤードを体験している様子＞

入学には子どもの気持ちと保護者の理解が必要

さくらんぼ学園の存在は、インターネットで検索してホームページを見つけて知った方が多い。実際の入学の条件は「体験入学を5日間して、子どもが通いたいと決心」「親が学校の理念に共感」「ミーティングでさくらんぼ学園の子どもたちが承認」の3つ。下村さんが重要視しているのは、やはり「子ども本人が通いたいかどうか」だ。

「子ども自身の気持ちを一番に考えるようにしています。しかし、親御さんにも、きちんとさくらんぼ学園の考え方を理解してもらったうえで入学を決めてもらうようにしています。子どもが気に入っていたり、行きたがったりしていると、親御さんも嬉しくなりすぐに入学させたくなるものですが、さくらんぼ学園の教育方針に賛同できていないと、子どもが自分の責任で決めてこの場で生活していることに対して、素直に応援できなくなってしまいます。まずは子どもの人生は子

どものものであるという認識を、基本的に持っていてもらいたいですね」（下村さん）

「子どもの文化」を侵略しないこと

「教育」をどうこう言う前に「子どもの文化」を大事にしないといけない、と下村さんは言う。「子どもの文化を大事にしないで、勝手に大人の文化をどんどん教えるというのは、昔スペインが南米の国々を侵略したようなもの。子どもはそれぞれちゃんとした文化を持っているのだから、それを破壊することなく、大人が大人の文化を伝えたいのだったら、友好的に伝えていかなければいけないと思うんです」

たとえば、子どもの持っている力、楽しい時、嬉しい時にピョンピョン飛び上がるようなエネルギーは、大人になっていくに従ってだんだん失われていってしまう。それを持っていることは素晴らしいことであって、それが失われないようにすることはとても大事だ。他の子がどうだ、と比べたりしてしまうと、その子が持っているものの大事さがわからなくなる。「教育、教育と言う前に、やっぱり一人ひとりが持っている文化を大事にしたい。それを大切に育てることがとても大事なことで、一回破壊されてしまうと、もう元に戻るのはすごく大変だと思うんですよね」（下村さん）

代表の下村さんのメッセージ

人生の希望は自分で見つけて、自分でつくっていくものです。人がつくったレールの上を歩む人生もありますが、自分でルートをつくっていく人生こそ、生まれてきた意味と向きあえるのではないでしょうか。

――そんな生き方をしていて社会に通用するんですか？

それはわかりません。未来は不確実なものです。確実なのは「今・ここで」ということ。「目の前の今をどうやって生きようか？」その問いかけの連続が、人間を成長させていくのではないでしょうか？

良い学歴を身に付けて、良い会社に就職をする。そのモデルは、今崩れようとしています。21世紀に大切なのは、自分がどんな強みを持っているのかを知り、自分を磨いて、人の役に立てる人間です。

30年前には、携帯電話会社はありませんでした。今の一流企業も30年後どうなっているかはわかりません。

世界に目を向けると、学び方は人に与えられて知識を得ることよりも、自分に合った学習スタイルを知り、自分で学び続けていくことが大切です。国が決めたカリキュラムに沿った内容を覚えていく力より、自分で学びをデザインしていく力こそ、今以上に変化の早いこれからの時代に求められる力なのです。

日本の常識は、世界では常識ではありません。社会で活躍するには、日本の小中学校に通っていなくても通用する道がたくさんあります。

大学に通っていなくても、大学で教えている人たちがいます。大学をつくってしまった人も、会社をつくってしまった人もいます。

本当に素敵な生き方をしていれば、それは大きな価値を生み出します。新しい時代の波に乗っていくのは、そうした自分らしい生き方をしている人たちではないでしょうか。

世界が変わり始めています。自分たちが所有するという生き方からは、貧富の差が生まれ、持つ者持たぬ者の格差が生まれました。所有するために、環境が大きく破壊されました。

21世紀に求められるのは、与える人間です。人に豊かさを与えられる人間が、時代を切り拓いていくのです。与える人間が、人々とともにますます豊かになっていくのです。

時代は今、変わっていく。僕らの願いを乗せて、私たちの願いを乗せて。さくらんぼ学園とともに歩んでみませんか？
小さな学校だからこそできる、小回りの利いた楽しいことがどんどん実現できますよ！

第4章

多様な学びを後押しする教育機会確保法の成立

教育機会確保法の成立

日本ではこれまで長い間「不登校は問題だ」と考えられており、不登校の数が増加しても「学校復帰が前提」の対策が講じられてきました。保護者や教師は「学校に行かないなんてとんでもない」「学校に行けるようになることが、この子の将来のためだ」といった大人側の善意によって、あの手この手を使ってなんとか子どもたちを学校に行かせようとしてきたのです。

しかし2016年、こうした不登校の子どもたちへの対応に変化がもたらされました。「不登校は問題じゃないよ」「必ずしも学校に戻らなくてもいいんだよ」といった対応へとシフトしたのです。そのきっかけとなったのが、2016年12月、不登校の子どもたちに対して学校外での学びを支援することを明記した**「教育機会確保法（義務教育の段階における普通教育に相当する教育の機会の確保等**

に関する法律）」の成立です。

教育機会確保法の大きなポイントは、以下にあるように、不登校の子どもたちに対し**「休養の必要性」**と**「学校外での学習活動の重要性」**をうたったところにあります。

「第十三条　国及び地方公共団体は、不登校児童生徒が学校以外の場において行う多様で適切な学習活動の重要性に鑑み、個々の不登校児童生徒の休養の必要性を踏まえ、当該不登校児童生徒の状況に応じた学習活動が行われることとなるよう、当該不登校児童生徒及びその保護者（学校教育法第十六条に規定する保護者をいう。）に対する必要な情報の提供、助言その他の支援を行うために必要な措置を講ずるものとする。」

この第13条では、学校へ無理やり登校させることは状況を悪化させる可能性があるとして、学校を休むこと、家で過ごすことを認めました。また、学校以外の場として、フリースクールや夜間中学校、教育支援センターなどの施設があることを、不登校の子どもと保護者に対して情報提供していくように、ともいっています。

では、なぜこの教育機会確保法の立法が目指されたのか、そして成立に至るまでに一体どんな歴史があったのでしょうか。ここからは、教育機会確保法成立までの動きを紹介したいと思います。

立法を目指す動きは、２００９年１月12日の第１回ＪＤＥＣ（Japan Democratic Education Conference:「日本フリースクール大会」）において、「フリースクールからの政策提言」が満場一致で採択されたところから始まります。「フリースクールからの政策提言」は、学校教育法一本しかない制度を変えようと、学校教育法だけでなく「多様な学び」を認める法律の作成を求めた内容となっています。この時点では、奥地圭子氏が理事を務めるフリースクール「東京シューレ」でまとめたものがもとになっていました。しかし、東京シューレ単体では実際に政治を動かすには弱いだろうということで、ＪＤＥＣの主催団体である「ＮＰＯ法人フリースクール全国ネットワーク」注*（以下、フリネット）でこの取り組みを行っていくこととしました。そして「フリースクールからの政策提言」の中身を再度議論し、一つの新法と、すぐにでも実現したい9つの提言にまとめました。２００９年2月、この政策提言を文部科学省と議員連盟に提出したことで、いよいよ立法に向けて本格的に動き出すことになったのです。

注＊　学校外で子どもや若者の学びや成長の場（フリースクールやフリースペースなど）を作っている団体がつながり合い、交流や基盤整備、人材育成や調査研究、政策提言などに取り組んでおり、現在では約１００のフリースクールがつながっています。多くはＮＰＯ団体の形で運営しています。

では、なぜ新法制度の提言に踏み切ることになったのでしょうか。その根底には「子どもたちを取り巻く不登校の現状を変えたい」という奥地氏の強い気持ちがありました。奥地氏はもともと公立学校の教員でしたが、自身の子どもが不登校となった経験から、「不登校が問題視され、学校復帰を求められる政策を変える必要がある」という考えに至ったといいます。そうした中で誕生したのがフリースクール「東京シューレ」です。１９８５年、狭い雑居ビルから始まりました。学校に行けなくなった子どもも、学校以外に安心できる居場所があって、信頼できる大人や仲間がいて、ありのままの自分を受け入れてくれる環境があれば、元気になっていくし自立もできることがわかっていきました。

しかし、当時はまだまだ「学校は行って当たり前」という社会通念が強くありました。そのため、「学校に行かないといけないのに行けない」という強い自責感・罪悪感を抱える子どもは後を絶ちませんでした。自分を否定するようになると、自己肯定感を持ちにくくなってしまい、その後の人生が歩きにくくなってしまいます。フリースクールは、こうした状況を変えていくための取り組みの一つだったのですが、制度上の学校ではないため（いわゆる無認可のため）、公的な財政支援を受けることができません。第2章でも触れましたが、保護者が就学義務を果たしていると認められるのは一条校のみです。子どもをフリースクールに通わせていたとしても、義務教育期間はどこかの一条校に籍を置かなければなりません。そうすると、税金で義務教育である学校教育を支えながら、フリースクール費用を払わなければならず、保護者はかなりの費用を負担しなくてはならないのです。

一方、海外に目を向けてみると、非常にさまざまな教育が展開されています。公教育以外にも、独自の教育方針やカリキュラムを持つオルタナティブスクールとして、シュタイナー学校、デモクラティックスクール、フレネ学校、モンテッソーリスクールなどがあり、フリースクールや家庭での学習を中心としたホームエデュケーションも広く活用されています。そうした公教育以外の学びに対して公的な補助が出ている国も多くあります。先進国の中で、政府の決めた学習指導要領に基づく教育しか正式に認めないという国は、もう日本だけだと言われているのです。

こうした日本の教育の現状を変えるため「フリースクールからの政策提言」がまとめられました。学校教育のみでなく多様な教育を認め、公的に支援する仕組みをつくり、子どもや親が自らの意思で選べるようにする——そのために、学校教育法一本でなくそれ以外の「多様な学び」も正規の教育と認める「二本立て」の新法作成を求めたのです。

２００９年2月、議員連盟の総会で、当時の議員連盟幹事長の馳浩氏が「どんな内容の法律にしたいと考えているのか、骨子案を作って持ってくるよう」提案。フリネット内に「新法研究会」が組織され、骨子案の作成が始まりました。

それからは、フリースクール関係者に提案しては修正、ＪＤＥＣを開いては出た意見をもとに修正、その他にも親の会や市民活動、大学関係者など多方面からの意見を取り入れていきました。そして、ついに２０１３年2月の第5回ＪＤＥＣで第四案となる「多様な学び保障案」の骨子案が採択されることになりました。

当初は、フリースクール関係者が中心だったのですが、この過程でオルタナティブ教育の関係者や一条校以外を運営してきた関係者との交流が深まっていきました。それによって、最終的な法案は「広くオルタナティブ教育を踏まえ、子ども一人ひとりの学習権保障に立った多様な学びを保障する」という内容で固まったのです。

しかし、いざ法案を持参しようとすると、当時の議員連盟はなくなっており、法案を通すためには、ふたたび議員連盟を立ち上げなければならない状況でした。2014年6月、新しく誕生したのが現在の議員連盟である「超党派フリースクール等議員連盟」です。しばらく議員連盟が開かれないうちに、議員の間では「多様な学び」についての理解・認識が進んでいました。不登校の数が全く減らないことで考えを改めたのか、諸外国の多様な教育を認める趨勢に影響されたのか、いずれにしても設立総会では「これまでの学校教育にこだわらず、多様なものを認めていこう」といった雰囲気で、時代は変化しつつありました。

２０１５年が明けると、いよいよ立法を目指すということで最終的な法案のまとめが行われました。同年５月には夜間中学議連との合同議会が開かれ「義務教育の段階に相当する普通教育の多様な機会の確保に関する法律案」が示されました。当時の座長が馳氏だったことから、この法案は「馳案」と呼ばれました。馳案では、当初の目標であった「学校教育法一本ではなく、多様な学びも認める」という二本立てはハードルが高すぎるとして却下されましたが、「学校教育法の特例として、希望者には就学義務を学校以外でも果たせること」や「学校以外の学びを希望する子ども・家庭は『個別学習計画』を提出し、教育委員会で認められれば学習支援・経済支援を得られる」という仕組みが提案されました。

それから幾度となく法案についての論議が重ねられました。論議の中心は、個別学習計画、みなし就学義務、教育委員会の負担、保護者にとって子どもに対する管理指導強化にならないか、といったところでした。その後、各党議にかけられましたが、与党である自民党の賛意が得られず、国会への上程は見送りとなりました。

ふたたび新しい試案が示され、法案検討がスタートしたのは2016年2月。この時、馳氏は文部科学大臣に就任しており、合同議員連盟の新座長には、元文部科学副大臣の丹羽秀樹氏が就いていました。新しい法案「丹羽案」は、「フリースクールを活用する子どもは一部にすぎない。不登校の子ども全体を救う法律にすべき」といった意見を受けて、不登校支援を色濃くした内容となっていました。馳案からの大きな変更は、個別学習計画の項目が全て削除されたことです。これは、「学校に行けない子どもをさらに追いつめるのではないか」「保護者や教育委員会の負担が増えるのではないか」といった反対意見があったためと思われます。

多様な学びを「選べる」というところまではいきませんでしたが、不登校に対する「あってはならない」という姿勢を改め、憲法が認めた普通教育機会確保のため、国や地方公共団体は責務を負うという姿勢に方向転換されました。ここでいう普通教育機会確保は、学校の勉強を押しつけるのではなく、子どもの状況やニーズに応じて適切なものを考え、子どもの権利条約にある「最善の利益」に立って支援するという理念に沿っています。そして、第13条では「学校以外で行う多様で適切な学習活動の重要性」と「休養の必要性」が明記され、公民連携の促進もうたわれました。そう、この法案が同年12月に「教育機会確保法」として成立することになるのです。

２０１６年9月、法案が通ることを見越した文部科学省は、「教育機会確保法」成立に先駆けて、「不登校は問題行動ではない」といった主旨の通知を全国に出しました。それが、２０１６年9月14日付けの「不登校児童生徒への支援の在り方について」です。この通知では次のように述べられていました。

「不登校とは、多様な要因・背景により、結果として不登校状態になっているということであり、その行為を『問題行動』と判断してはならない。不登校児童生徒が悪いという根強い偏見を払拭し、学校・家庭・社会が不登校児童生徒に寄り添い共感的理解と受容の姿勢を持つことが、児童生徒の自己肯定感を高めるためにも重要であり（後略）」

この通知の背景には、もちろん法案可決に向けての動きがあったのですが、結果として「不登校は問題行動ではない」と初めて公に発表されたのがこの通知でした。そのため、この通知のインパクトは大きかったのです。「学習指導要領」にも、初めて不登校についての記載がなされました。以下は、『小学校学習指導要領解説［平成29年6月］』の「第4節　児童の発達の支援」からの抜粋です。

「不登校は、取り巻く環境によっては、どの児童にも起こり得ることとして捉える必要がある。また、不登校とは、多様な要因・背景により、結果として不登校状態になっているということであり、その行為を『問題行動』と判断してはならない。加えて、不登校児童が悪いという根強い偏見を払拭し、学校・家庭・社会が不登校児童に寄り添い共感的理解と受容の姿勢をもつことが、児童の自己肯定感を高めるためにも重要である。

また、不登校児童については、個々の状況に応じた必要な支援を行うことが必要であり、登校という結果のみを目標にするのではなく、児童や保護者の意思を十分に尊重しつつ、児童が自らの進路を主体的に捉えて、社会的に自立することを目指す必要がある。」

中学校学習指導要領にも、同様のことが述べられています。ちなみに、学習指導要領とは、日本の全ての学校教育関係者、教育委員会、教員養成大学関係者が読まなければならないものです。そこに「不登校は問題行動ではない」「学校復帰を前提とする必要はない」と明記されたわけです。

さらに、教育機会確保法が成立してから3年後、2019年10月25日「不登校児童生徒への支援の在り方について」という通知が全国に出されました。この通知で文科省が述べているのは、不登校の子どもたちに対して『登校する』という結果のみを目標にするのではなく、児童生徒が自らの進路を主体的に捉えて、社会的に自立することを目指す必要がある」ということです。また、この通知をもって、不登校対応を定めてきたこれまでの４つの通知（平成４年9月24日付け、平成15年5月16日付け、平成17年7月6日付け、平成28年9月14日付け）を廃止することとしました。これにはどういう意味があるのでしょうか。

２０１6年9月14日付けの通知では「不登校は問題行動ではない」とされたのですが、「学校復帰を前提としなくていい」とまでは書かれていないのです（先ほど紹介した『小学校学習指導要領解説［平成29年6月］』では、「登校という結果のみを目標にするのではなく」とあり、学校復帰を前提としなくていい旨が記載されていましたが）。そのため、学校によっては「これまでの通知はこうなっているから」と、頑なに学校復帰策をとっているところもあったのです。過去の通知に効力がある限り、保護者も反論ができませんでした。それが、２０１9年10月25日の通知をもってようやく、学校復帰前提の施策から自立に向けた支援へと方針が変わり、法律と現実の流れが一致したのです。

公民連携を進めていこう

教育機会確保法では、公民連携の必要性もうたわれています。今後は行政とフリースクール等がどのように連携をしていくのかが課題になってくるでしょう。

2019年5月、文科省で開かれた「不登校に関する調査研究協力者会議」と「フリースクール等に関する検討会議」の合同会議によると、教育委員会などと連携するフリースクールなどの民間施設は290で全体の15％にとどまっています。教育委員会やその他公的機関に対し、連携しない理由を調査すると、「域内に民間施設がない」「利用を希望する不登校児童生徒が少ない」などの他に、「どのように連携すればいいかわからない」といった声もありました。

それもそうでしょう。法律で「公民の連携を」と言われても、ノウハウが何もない中では、何をどうすればいいのかわからないのは当然です。そもそもこれまで不登校の子どもたちに対して「登校させよう」としていた学校側と、「登校する必要はない、安心できる居場所が必要だ」としていたフリースクール関係者が、突然手を取り合って協力し合うというのもなかなか難しい面があるのかもしれません。まずは、学校や教育委員会とフリースクール関係者が交流できるさまざまな場をつくっていき、互いに理解を深め信頼関係をつくることが必要でしょう。

一方で、**行政と民間団体がうまく連携して、公設民営（施設の設置は自治体等が行い、運営は民間が行うやり方）で「学校外での子どもたちの居場所」を運営しているところが、すでにいくつかあります。**公設民営であることのメリットは、何より利用者の経済的負担が減ることでしょう。実際にそれらの多くは、**市内の小中学生が無償で利用**できます。また、学校とも連携しているので、施設へ通った日数を学校に出席した日数に換算しやすいなど、学校に通えない子どもやその保護者にとって利用しやすい仕組みづくりがなされています。ではここから、公設民営でうまくいっている施設の事例を3つ紹介していきましょう。

●「フリースペースえん」(神奈川県川崎市)

一つ目は、神奈川県川崎市の「フリースペースえん」です。

川崎市が2000年12月に制定した「川崎市子どもの権利に関する条例」の第27条には、子どもの居場所について次のように定められています。

「子どもには、ありのままの自分でいること、休息して自分を取り戻すこと、自由に遊び、もしくは活動すること、または安心して人間関係をつくりあうことができる場所(以下、「居場所という」)が大切であることを考慮し、市は、居場所についての考え方の普及並びに居場所の確保及びその存続に努めるものとする。」

川崎市はこの条例の具現化を目指し、「川崎市子ども夢パーク」の設立を計画します。2001年には、川崎市が「NPO法人フリースペースたまりば」に、不登校当事者の声を聞くためのアンケートとヒアリングを委託。「フリースペースたまりば」は１９９１年から、不登校の子どもたちや、引きこもり傾向の若者、また障がいのある人たちとともに地域で育ち合う場づくりを行ってきた団体です。「フリースペースたまりば」は、児童生徒やその保護者から「どんな施設をつくってほしいか、どんな施設は迷惑か」といった生の声を集め、市や教育委員会との会議を重ねていきます。議論の末、「学校復帰にこだわらず『生涯学習の視点に立った無料で通える、不登校児童生徒のための学校外の居場所・学び場をつくろう」という方向性が決まりました。教育機会確保法ができる10年も前のことです。そして２００３年、「川崎市子ども夢パーク」が川崎市高津区内の津田山にオープンしました。その際、「フリースペースたまりば」は川崎市から委託され、同パーク内に「フリースペースえん」を開設。２００６年からは、財団法人川崎市生涯学習財団とともに指定管理者として、「フリースペースたまりば」が同パーク全体の管理・運営を行っています。

「フリースペースえん」は、１２０平方メートルのワンルームの中に、小さな台所、冷蔵庫や食器棚、手作りの囲炉裏や木の切り株の椅子があり、生活感あふれる空間となっています。「えん」では決められたカリキュラムがなく、いつ来ていつ帰るのか、一日をどのように過ごすかを生徒自身が考えて、自分でプログラムを組むようになっています。やってみたいことはミーティングで提案し、仲間を集めて一緒に活動することができます。これまでに、第一線で活躍するプロを講師に招いての楽器演奏、ダンス、ものづくり（工芸・手芸）などの講座が開催されているほか、高卒程度認定試験の受験対策や個別のニーズに応じた学習支援も行われています。

また「えん」は、誰でも受け入れることを大切にしています。そのため、障がいによる区別や年齢制限はありません。会員制ですが会費は無料で、２０１９年3月末時点の会員数は１０８名。小学生が45名、中学生が34名、高校年齢が29名、また18歳以上が43名と、年齢層は幅広く、川崎市外からの会員もいます。

学校との連携としては、子どもやその保護者が希望した場合、学籍を置いている学校に「えん」への出席報告を提出することで、学校への出席とみなされるように取り組んできました。実際に過去16年間で、それらの児童生徒は校長裁量により、全て学校の出席とみなされており、通学定期も取得しています。2018年度の出席報告書の提出数は、小学校で30、中学校で21の計51通に上りました。

●「スマイルファクトリー」(大阪府池田市)

二つ目は、「フリースペースえん」と同じくらいの歴史を持つ公設民営のフリースクール「スマイルファクトリー」です。「スマイルファクトリー」は大阪府池田市とNPO法人「トイボックス」により、不登校・いじめ・ひきこもり・非行など、さまざまな問題を抱えた子どものための新しい「がっこう」として、2003年に市立「山の家」で始まりました。「トイボックス」の代表理事で、「スマイルファクトリー」の校長を務める白井智子氏は、「不登校の原因の多くを占める発達障がいや複雑な家庭環境等の対応には、子どもやその家族と密接なコミュニケーションをとりやすい、専門スタッフによる少人数指導が適している」との考えから、この開設に乗り出したといいます。それ以降、教育委員会や学校、地域と連携しながら活動を続け、子どもたちの状態に合わせたスクーリングによる学習支援、集団での生活訓練などを行っています。また、不登校のみならず、ひきこもり、LD（学習障がい）、ADHD（注意欠陥・多動性障がい）、ASD（自閉症スペクトラム）など、子どもを取り巻くさまざまな問題に関する相談活動もしています。現在は「旧伏尾台《ふしおだい》小学校」という、かつての「学校」を拠点としています。

「スマイルファクトリー」はフリースクールという位置づけですが、学校や行政と連携しているので、小中学生の場合はスマイルファクトリーでの出席日数を在籍校での出席日数に換算することができます。また、池田市内の小中学生は授業料が無償です。また、それぞれの子どもに合った無理のない環境づくりを考えており、個々に通うスタイルを選ぶことができます。小中学生であれば、たとえば最初は週1～2日通うことから始めて、慣れてきたら通学日を増やすといったことも可能ですし、在籍校と並行して来る曜日を決めて通ったり、各市町村の適応指導教室と半分半分にして通ったりすることもあります。

また、高等部として2007年4月より「スマイルファクトリーハイスクール」もスタートしています。星槎《せいさ》国際高等学校（本部・北海道芦別《あしべつ》市）と連携して、高校の単位や卒業資格を取ることができるのが特徴です。

●「ほっとスクール希望丘」（東京都世田谷区）

三つ目は、東京都世田谷区に2019年2月に開設された「ほっとスクール希望丘」です。施設の位置づけとしては「教育支援センター」となります。

教育支援センターとは、不登校の子どもたちの学校復帰や社会的自立を支援するために、空き教室や学校以外の場所で個別に学習指導などをする「適応指導教室」のことで、1980年代後半から市区町村の教育委員会によって設置が進められました。しかし、退職した校長や教員が非常勤で務めるところが多く、学校制度から完全に離れることができないとして、抵抗を感じる子どもも多くいました。

そんな中、「ほっとスクール希望丘」は教育機会確保法の成立を受け、教育支援センターを「必ずしも学校復帰を求めない施設にする」と方向性を変え、フリースクールなど民間のノウハウを得ようと初めて運営者を公募したのです。そこで名乗りをあげ、現在運営に携わっているのがNPO法人「東京シューレ」です。約30年間フリースクールを運営してきた経験をもとに、子どもたちが自分自身に合った学習法を見つけて取り組んでいくことができるような場づくりをしています。「地域の理解を得ながら独自性も出し、行政と民間の連携のモデルになれれば」と、東京シューレの奥地理事長は言います。

「ほっとスクール希望丘」があるのは、世田谷区船橋の旧希望丘中学校跡にできた複合施設の2階。ワンフロアに、広々とした「多目的室」、タブレット端末なども利用できる「学習室」、そして「相談室」があり、ベランダや自炊ができるキッチンも備わっています。また、同施設内の地域体育館でスポーツをすることもできます。さらに、同施設の3階には、30代までの若者が利用できる青少年交流センターというスペースも入っているそうです。現在定員は50名程度で、利用できるのは私立校の在籍者を含む世田谷区在住の小中学生です。

「運営を任せている東京シューレは、卒業生も多くいるのでさまざまな体験談を聞くこともできる」と区教育相談・特別支援教育課の松田京子課長は言います。子どもたち自身でイベントを企画運営する機会を設けるなどして、社会で自立する力を得られるような取り組みを行っているそうです。

スクールロイヤーの鬼澤先生に聞く

「学校に行かないといけないの？」

ここでは、多様な学びを選ぶうえで気になること、特に法律的なこととの関係を、この分野に詳しいスクールロイヤーの鬼澤秀昌先生にうかがいました。

Q1

登校する気がないのに、学校教育法上の学校に学籍を置かなければいけないことに、後ろめたさや納得がいかないと感じる方も多いと思います。それでも、法律的にはどうしても学籍は置いておかなければならないのでしょうか？

おにざわ法律事務所 代表

鬼澤 秀昌（おにざわ ひでまさ）

教育系NPOの常勤職員として勤務した後、弁護士として2015年からTMI総合法律事務所に勤務、2017年10月に独立。現在、文部科学省のスクールロイヤー配置アドバイザー、全国子どもの貧困・教育支援団体協議会の監事も務める。

A

たとえば現在はフリースクールに通っていて、元の学校に戻る気がないにもかかわらず、学籍を元の小学校に置いておかなければならないことへ違和感がある、ということですね。学校教育法で「学校」と認められているのはいわゆる一条校なので、保護者は義務教育の期間は子どもを一条校に就学させることが原則になります。そして、一条校は、学校教育法第2条第1項により、国、地方公共団体、学校法人しか設置できないとされているので、国立・公立・私立のどれかの小学校や中学校に子どもを入れなければならないことになります。

「元の学校には戻る気がないのに、どうして学籍を置いておかなきゃならないんだ」という腹立ちは、個人的にはよくわかるのですが、「子どもが学びたいと思った時にいつでも学校教育を受けられるようにしておく」という意味では必要なことなのかな、と感じています。

憲法第26条には、「すべての国民は……ひとしく教育を受ける権利を有する」「その保護する子女に普通教育を受けさせる義務を負ふ」とあります。

もともと義務教育は、子どもを学校に行かせることを強制するものではなく、子どもの学ぶ権利を保障するためのものです。この保障がないと、親が子どもを働きに出してしまうことなどにより、子どもが教育を受ける権利を奪われることになりますよね。そうならないように義務教育が存在しています。

現在の日本で、法律上「義務教育」として定められているのは一条校である「学校」になるんです。なので、たとえ今学校に行っていなかったり、フリースクールがいいと思っていたとしても、やっぱり現行法の上では、「義務教育」を果たしたと言うためには、学校に学籍を置いておくことが必要になってしまうのです。

Q2

「保護者は子どもに教育を受けさせる義務がある」と憲法で定められている以上、親が子どもを「学校」に通わせないことは憲法違反になるのでしょうか？

A

憲法は基本的に国家が対象です。第28条にある「勤労者の団結権」など、私人にも直接適用されるものもありますが、憲法26条が私人（保護者）に直接適用されるわけではありません。

また、第26条では、「法律の定めるところにより……」と定められているので、結局その法律の定めるところに従っているかというのが問題になります。これにあたる法律というのは、教育基本法と学校教育法ですから、やはり条文上の建付けからすれば「学校」に行かせていないと法律違反ということにはなってしまうでしょう。いっそ海外に行って、日本の教育を受けさせない、日本の法律の外で生きていく、といった選択肢もあるでしょうが、それは簡単なことじゃないですよね。

ただ、「学校」に通わせていないことが直ちに就学義務の違反になるわけではありません。先ほども言いましたが、義務教育は子どもが教育を受ける権利を保障するものであるため、形式的に「学校」に通っているかどうかよりも、「学校」において学ぶべきと考えられていることを学べているかどうかが重要です。実際、令和元年10月25日付け「不登校児童生徒への支援の在り方について(通知)」で、「指導要録上出席扱いとすること」の要件の一つに「不登校児童生徒が自ら登校を希望した際に、円滑な学校復帰が可能となるよう個別指導等の適切な支援を実施していると評価できる」ことをあげているのは、まさにその表れだと思います。

Q3

では、実質的に学校で学ぶべきことを学べるとしたら、フリースクールやオルタナティブスクールを一条校としてもよいのではないでしょうか？

A

確かに、オルタナティブスクールは、教育方針や理念に共感して子どもを始めからそこに入れる親が多いと思いますので、その場合においても公立小学校に学籍を置かなければならないのは違和感がありますよね。自分の意思で選んだスクールに学籍を置いて、そのスクールの卒業資格が欲しいと思うのは自然だと思います。

一条校以外の多様な学びの選択肢を認めることは極めて重要です。ただ、何でもかんでも公教育として認めるのも問題があるかと思います。すごく極端な話、教育の名目で激しい体罰を積極的に推進している学校を、公教育として認めるのは難しいですよね。ですから、どこかで線引きが必要です。

しかし、教育内容・カリキュラムを明確にし、国がその内容を認めたうえで義務教育の卒業資格として認めれば、ある意味「制度化」されることになります。他方で、そのように制度化されることで、逆に教員や子どもたちもそれに従わなければならないという側面も出てきます。特に、子どもにとっての休息の場を提供するという要素が強い場合、それをどう「教育内容・カリキュラム」として明確にするか、基準をどうするかは、なかなか難しい問題です。

Q4

フリースクールに比べ、インターナショナルスクールのほうが社会的に認められているように思われますが、フリースクールとインターナショナルスクールの法律上の扱いは違うのでしょうか？　一条校は難しいとしても、インターナショナルスクールのような位置づけにすることは考えられないのでしょうか？

A

フリースクールもインターナショナルスクールも、法律上は一条校じゃないので、どちらも義務教育の卒業資格が得られない点は変わりません。ただ、一部のインターナショナルスクールは「各種学校」として認められています。「各種学校」とは、一条校には属さないけれど、カリキュラムや設置条件などで一定の条件を満たし、公的な認可を受けている学校のことです。主に、和洋裁、調理・栄養、看護師、理容、英会話、工業など、実践的・専門的な教育を行っているところで、一部のインターナショナルスクールや朝鮮学校のような外国人学校は各種学校になります。

各種学校や専修学校の設置のみをする準学校法人は、私立学校振興助成法第16条において、国や自治体からの補助金を受けられることになっているので、そこは無認可のスクールとは異なります。また、私立各種学校規程施行内規第3条により、各種学校の設置者は「原則として学校法人」とされています。もしインターナショナルスクールが「社会的に認められている」という印象があるとすれば、そのような点も影響しているかもしれません。

フリースクールやオルタナティブスクールが各種学校を目指すとしても、原則として学校法人による運営が必要だとすると、やはりハードルが高いかもしれませんね。

Q5

そうすると、フリースクールやオルタナティブスクールを公的な存在として認めてもらうには、一条校として位置づける方法しかないのでしょうか？　どのような対応が考えられますか？

A

フリースクールやオルタナティブスクールで受けた教育を、義務教育として認めるための解決策の一つとして考えられていたのが「個別学習計画」です。実は、教育機会確保法の作成過程で、「保護者が個別学習計画を作成し、市町村教育委員会の認定を受けることで、就学義務の履行とみなす」という案もありました。ただ、これについては法案の作成過程で全て削除されてしまいました。詳細は必ずしもはっきりしませんが、東京シューレ理事長の奥地氏は、「子どもを追いつめるのでは」「親に負担なのでは」「教育委員会の指導強化につながるのでは」などの反対意見に配慮したのではと推測されています。

今、経済産業省による「未来の教室」という事業においても、「個別学習計画」が言及されていますが、制度が子どもや保護者に与えるさまざまな影響を考えると、このあたりの塩梅は本当に難しいと感じます。

Q6

２０１６年、不登校の子どもたちに対して登校を強制するのではなく、学校以外の場での学習の重要性も認めた「教育機会確保法」ができました。個別学習計画については削除されたとのことですが、この法律ができたことで、実際にはどう変わったのでしょうか？

A

昔は、不登校は「登校拒否」と言われていたように、問題だという認識がとても強くありました。でも、教育機会確保法ができたことで、そうした「不登校はあってはならない」といった姿勢から、「休むことも必要」だという認識が広がりました。教育機会確保法の第13条には、不登校の子どもに対する「休息の必要性」「学校以外の場での多様で適切な学習活動の重要性」が明記されているんです。

以前、議会の答弁を聞いたことがあったのですが、議員から「不登校の数が増えていることについて、どう捉えているのか」という質問があったんです。それに対して行政側は「教育機会確保法の附帯決議では、不登校は問題行動ではないこと、不登校の児童・生徒が休むことの必要性も示されており、これらを踏まえた対応もさらに進めていかなければならない」といった答弁をされていて、「素晴らしい。教育機会確保法の成立の意義は、こういうところに現れているのか」と感動したのを覚えています。

というのも、教育機会確保法には具体的な義務が定められているわけじゃないんですよね。私も初めて読んだ時、その法律が学校現場や教育行政に与える影響をあまりイメージできませんでした。でも、行政の立場からすると、法律があることで、「法律に基づいてこういう施策を行います」ということが言いやすくなります。前述の答弁はまさに「法律」があるからこそ出てきた答弁ですので、社会を動かすっていう意味では法律の力は大きいんだな、ということを実感しました。

また、国のレベルでも、教育機会確保法の成立前に発出された平成28年9月14日付け「文部科学省・不登校児童生徒への支援の在り方について」では、学校外の公的機関や民間施設において相談・指導を受けている場合の指導要録上の出欠の取扱いについて「当該施設への通所又は入所が学校への復帰を前提」とされていました。しかし、教育機会確保法の成立後に発出された元年10月25日付け「不登校児童生徒への支援の在り方について（通知）」では、指導要録上の出欠の取扱いについて「当該施設への通所又は入所が学校への復帰を前提」との記述は削除され、むしろ「不登校児童生徒が現在において登校を希望しているか否かにかかわらず」との記述も追加されました。

このような改正の趣旨については必ずしも明確にされているわけではありませんが、当該通知は「不登校児童生徒の指導要録上の出席扱いに係る記述について、法や基本指針の趣旨との関係性について誤解を生じるおそれがあるとの指摘があったことから、当該記述を含め、これまでの不登校施策に関する通知について改めて整理」したと説明していることからすれば、やはり教育機会確保法との整合性を図った対応ということになるのだと思います。

また、私が学校にアドバイスをする場合でも、きちんと法律で定められているというのはやっぱりありがたいんですよね。アドバイスをする時に「必ずしもこうしないといけないとは書かれていないけれど、法律にこう書いてある以上こうしたほうが法律の趣旨に合っているんじゃないでしょうか」といった説明ができるからです。法律ができたからといって現状がガラッと変わるわけではないけれど、私の立場もそうですし、行政の立場からしても、法律があることで変わってくることはあると思います。

Q7

もし、国がフリースクールなどに対し、経済的支援を行う場合には、憲法（第89条）の違反とはならないのでしょうか？

A

憲法第89条「公金その他の公の財産は、宗教上の組織若しくは団体の使用、便益若しくは維持のため、又は公の支配に属しない慈善、教育若しくは博愛の事業に対し、これを支出し、又はその利用に供してはならない。」のことですね。つまり、ご指摘のとおり、民間のフリースクールやオルタナティブスクールが「公の支配」に属しないとしたら、フリースクールやオルタナティブスクールには公金を支出できない、ということになります。

現在の憲法89条の条文を前提とした場合、フリースクールなどへの国からの経済的支援が問題ないと考える方向性は、①フリースクールやオルタナティブスクールが「公の支配」に属していると整理するか、②当該団体が「公の支配」に属していないことを前提に、当該団体への支給ではないと整理するか、の2つだと思います。

①の方向性で検討する場合、最も重要なのは「公の支配」の定義です。「公の支配」の意味についてここではあまり細かいことは言いませんが、私立学校と比較して行政の関与が少ないフリースクールなどが「公の支配」に属していることを認めるためには、「公の支配」を広く解釈する必要があります。

他方、②の整理を前提とした施策として「学校外教育バウチャー」というものがあります。これは、民間の教育事業の費用支払いに使うことができるクーポン券(バウチャー)を、特定の子どもや保護者に対して提供するという取り組みです。現在日本では、公益社団法人チャンス・フォー・チルドレンが、関西の生活保護世帯の子どもたちや、東日本の被災した子どもたちなどを対象に提供しています。他にも、大阪市などは自治体の政策として「学校外教育バウチャー事業」を実施していて、その利用先にはフリースクールなども含まれているようです。

チャンス・フォー・チルドレンの理事である能島裕介氏は、「学校外教育バウチャーは、フリースクールなどを運営する事業者に対する補助金などではなく、特定の子どもや保護者に対する補助であると位置づけられています。そのため、憲法89条が禁止する『教育の事業』への補助には該当しません」と、子どもと若者の成長を支えるWEBメディア「Eduwell Journal」内の記事（2020年1月号 vol.83「民間フリースクールへ補助金等の公的な支援が難しい理由─「公の支配」に属さない教育事業に対する憲法89条の壁」）で述べています。

一方で、憲法89条を改正すべきという意見もあります。元文科省の亀田徹氏は『「公の支配」の意味などに関して見解が分かれており、民間への補助に関する国や自治体の対応がまちまちになっている』と述べています。自治体によっては、一定の書類の提出や書類の閲覧機会の設定を求めていることをもって、NPO等であっても「公の支配」に属するものになると解釈して、フリースクールに対して補助を行っていたりするところがあるんですね。解釈の違いで、補助がある自治体とない自治体に分かれてしまうのは問題だとして、亀田氏は憲法89条後段を

「公金その他の公の財産は、法律の定めるところにより、適正にこれを支出し、又は利用に供しなければならない」のように改正するのがよいと言っています。ただ、そもそも憲法の改正は非常に重い手続きですし、また、「公金を適切に使う」といっても、「適切」の基準を明確にするのは難しいだろうと思います。

また、「自治体によって解釈が違う」ということですが、これは必ずしも「問題」と言い切れないというか、良いように利用するやり方もあると思うんですよね。「ここの自治体ではこう解釈して、こういう取り組みをしていて、実際にリスクも少ない」といった事例を増やすことで、やれることを証明していくことも可能なのではないかと思います。したがって、私としては、現状の憲法89条を前提とせざるを得ないのではないかと思います。

Q8

最後に、多様な教育機会の実現に向けて一言お願いできますでしょうか？

A

フリースクールやオルタナティブスクールは、実際に非常に重要な役割を果たしています。しかし、それを行政の制度の中で位置づけるとすると、学校教育法、憲法89条との関係など、検討すべき論点はたくさんあり、また、「公教育」とは何か、という深遠な議論に直面せざるを得ません。

しかし、実際、多くの方々の尽力により、教育機会確保法の制定や、それに伴う通知の改訂等がされ、フリースクールやオルタナティブスクールが徐々に学校教育の中でも認められつつあります。他方で、学校教育自体も、「ＧＩＧＡスクール構想[注*]」が当初より前倒しで実現されることで、大きく変化しようとしています。実際に変化は起きているのです。

したがって、そのような問題の複雑さに怯むことなく、フリースクールやオルタナティブスクールの良さ及びその重要な要素を明確化していくことで、議論を前に進めることが大切だと思います。私も、多くの方々の議論をうかがいながら、子どもたちの多様な教育を受ける機会を確保できるように、尽力したいと思います。

――鬼澤先生、ありがとうございました。

注＊　ＧＩＧＡスクール構想とは、２０１９年12月に文部科学省から発表されたプロジェクトのことで、ＧＩＧＡとは Global and Innovation Gateway for All の略。小中学校の児童生徒一人にＰＣ１台と、全国の学校に高速大容量の通信ネットワークを整備し、子どもたち一人ひとりの個性に合わせ、個々に最適化された創造性を育む教育を実現する構想

多様な学びをもっと広げるために

このように、教育機会確保法の成立や、文部科学省による「不登校児童生徒への支援の在り方について」の通知（２０１９年10月25日）などがあり、日本では、従来の学校復帰を前提とした施策から、学校復帰を前提とはせずに子どもたちの「社会的な自立」を目指して「多様な学び方」を認めていく方向に少しずつ進んでいます。

しかし、民間によって運営されているフリースクール等には、まだまださまざまな課題があります。一つは、フリースクール等に通わせている保護者の経済的負担の大きさです。フリースクール等は、ＮＰＯ法人、任意団体、個人による運営が約８割を占め、公費助成の制度がありません。多くが市民の善意で支えられており、保護者の経済的負担は全国平均で月額約３万３０００円になっています

（平成27年 文科省調査）。保護者は税金を納めているにもかかわらず公的補助が受けられず、さらにこの学費を払ってフリースクールに子どもを通わせています。いわば、教育費を二重に負担していることになります。

また、フリースクール側の負担もあります。子どもがフリースクールに通っていても、在籍校の学校長が認めれば、指導要領上の出席扱いとなる制度ができて27年。しかしその間、教育活動経費から在籍校への報告の費用に至るまでの費用を、フリースクール側が全て負担している状況です。

二つ目は、いまだにフリースクール等の立場がきちんと認知されていないことです。世界人権宣言第26条第3項には「親は、子に与える教育の種類を選択する優先的権利を有する」とあります。しかし、子どもの意思を十分に尊重して教育の種類を選択しようにも、現行制度ではその「選択」が十分に認められていないのが現状です。時には、教育委員会から就学義務違反を問われる事態などが今でも起こっているのです。

親の教育義務が「子どもが自身の能力に応じて適切に学ぶことができ、社会的自立を目指すこと」であるならば、学校以外の多様な形も含まれるべきでしょう。重要なのは、それらの選択肢が十分にあり、その情報が提供され、選択に値する違いがあり、選択しやすいように条件（経済的、地理的、心理的）が整備されていることです。それこそが、一人ひとりの子どもに寄り添うことができる教育のインフラではないでしょうか。

こうした現行の問題点を踏まえて、東京都フリースクール等ネットワークは学校外における多様な教育に関して東京都に具体的な要望を行っていきます。これは、これまでの東京都の取り組みを評価すると同時に、不登校児童生徒だけでなく、不登校傾向にある子どもや、公立の小中学校とは違う学び方を求めている子どもたちが、フリースクール等のさまざまな学びの場を安心して選択できることを目指すものです。そのために、行政と民間組織とのさらなる連携促進や、フリースクール等に対する経済的支援などの必要があるとして、東京都に対して、大きく次の5つの項目を要望しています。

①ご家庭への経済的支援
②多様な学びを提供する団体への経済的支援
③認証フリースクール制度の導入実証研究に対する支援
④多様な学びの場に対する現行制度の緩和
⑤不登校児童・生徒等に対する支援の充実

①ご家庭への経済的支援

具体的には、次のような内容などを求めています。

・不登校児童生徒の保護者に対する新たな経済的支援として、すでに都内フリースクール等に通う児童生徒を対象に、通所交通費、教材費、学習体験活用費等の支援制度の研究を行い、制度を設けること

・生活保護家庭や世帯収入の低い家庭に対する支援制度である就学援助費の対

象を、公立学校からフリースクール等の学校外の学びの場における学習にも拡大すること

②多様な学びを提供する団体への経済的支援

具体的には、次のような内容などを求めています。

・就学義務のある在籍校に提出する報告書の作成について、教育委員会または対象となる在籍校が、作成にかかる人件費等の経費を負担すること

・東京都の社会教育施設（博物館、美術館等）を活用した学習やスタッフの引率について、フリースクール等を学校と同等とすること（具体的には、入館料無料での学習、グラウンドや体育館などの無料での利用、スタッフの引率入館料免除、館等が実施する教員向け研修の対象範囲など）

③認証フリースクール制度の導入実証研究に対する支援

これは、東京都が独自に実施した認証保育所制度のように、ＴＦＮが中心となって東京都と連携しながら認証フリースクール制度[注*]の導入実証研究を進め、フリースクール等をつくりやすく、社会から信頼を得やすい認証制度の設計にすることを目的としています。具体的には、次のような内容などを求めています。

・東京都フリースクール等ネットワークが提唱する認証制度の導入実証研究を都のモデル事業として実施すること

・義務教育段階の学校外教育・学習に、柔軟な制度運用や規制緩和、経済的な支援を行うこと

注＊　ＴＦＮが検討する認証フリースクール制度とは、不登校に関する調査研究協力者会議「フリースクール等に関する検討会議（文部科学省）」に継続的に参加して得た知見や「２０１９年度フリースクール等の支援の在り方に関する調査研究（文部科学省）」報告書などを基に制度設計しようとしているもの

④多様な学びの場に対する現行制度の緩和

具体的には、次のような内容などを求めています。

・フリースクール等は「学校以外の学習の場」(教育機会確保法第13条)として「学習指導要領」外の学習の場であることから、「学習指導要領」に則った教育活動や学習支援活動が実施されているか否かの観点を、出席扱い要件としないよう指針として示すこと

・不登校やフリースクール等で学ぶ場合における「学業の遅れや進路選択上の不利益、社会的自立へのリスク」を解消するための教育機会確保や、高等学校等の入試制度において不利益にならない仕組みをより充実させること

・フリースクール等の知見を活用した学校教育を促進するため、多様な学びの場をNPO法人立学校や準学校法人による各種学校として設置しやすくしたり、規模の小さな学校をつくりやすくしたりし、多様な学びの選択肢を増やすために学校設置基準の緩和を行うこと

⑤不登校児童・生徒等に対する支援の充実

具体的には次のような内容などを求めています。

・学校、教育委員会、フリースクール等による「公民連携会議」を設置し、定期的な情報交換、課題の共有、児童生徒・保護者に対する情報提供（パンフレットやホームページの作成）や相談支援を合同で行うこと

・不登校児童生徒に家庭外で社会体験学習や自然体験学習等の機会を提供する個人、団体、事業者に対する奨励金・助成金などの支援事業をつくること

東京都フリースクール等ネットワークでは、以上のような内容を東京都に求めるとともに、「学びを選択する時代」を切り拓くためのさまざまな活動を行っていきます。

第5章

私たちが実現したい未来

東京都フリースクール等ネットワーク代表
奥地圭子・久保一之 対談

奥地 圭子（おくち けいこ）

フリースクール 東京シューレ 理事長
NPO法人フリースクール全国ネットワーク 代表理事
学校法人東京シューレ学園 理事長
「多様な学び保障法を実現する会」共同代表
文科省「フリースクール等検討委員会」委員

1941年東京生まれ、広島育ち。横浜国立大学卒業後、小学校教師を務め、我が子の不登校に深く学んでフリースクール「東京シューレ」を開設（現理事長）。不登校をめぐる言論・活動を牽引しつづけ、普通教育機会確保法の成立に主要な役割を果たす。

著書に『子どもをいちばん大切にする学校』『フリースクールが「教育」を変える』（ともに東京シューレ出版）、『不登校という生き方』（NHKブックス）など

久保 一之（くぼ かずゆき）

NPO法人東京コミュニティスクール 創立者・理事長
株式会社グローバルパートナーズ 代表取締役
ビジネス・ブレークスルー大学、同大学院 教授

大学卒業後、大手サービス業にて主に人事・教育に携わる。株式会社グローバルパートナーズ創業後は、幼稚園から小学校、中学校、高校向けに教員のリクルーティング事業等を行う一方で、株式会社ビジネス・ブレークスルーのコンサルタントとして、数多くの大手企業のリーダー育成プログラムの講師を務める。

それまでの経験から、学校教育、特に初等教育において新たな選択肢が必要だと考え、東京コミュニティスクールを創立。グローバルな視点を持った人材を育むための国際教育カリキュラムの研究・開発・実践・普及を積極的に行っている。

現在、小学生とともに探究する学びを実践する一方で、大学ではアントレプレナー講座の指導を、大学院では卒業研究担当として事業計画立案の指導を担当している。

――昨今の新型コロナの状況下、「東京コミュニティスクール」（以下、TCS）と「東京シューレ」（以下、シューレ）ではどのような対応をされたのでしょうか？

久保：TCSでは、「テレラーン」というオンライン学習を行ったり、「ハイブリッド」として、スクールに来るかオンラインで参加するかを選べるようにしてきました。これは、TCSが今までやってきたことの形を変えただけ、つまり「安心して学べるようにする」ということをTCSの価値観に沿って行ってきただけで、特別なことをした認識はありません。オンライン学習がスムーズにいったのは、子どもたちがこれまでのTCSの生活で培ってきた「ITリテラシー」と「自ら学ぼうとする姿勢」があったからだと思います。

TCSでは子どもや保護者に選択権があることを大事にしています。ハイブリッドの環境下、実際にはスクールに通ってくる子のほうが多かったです。でも、「通ってこないことも一つの認められる選択肢なんだ」という文化を浸透させ、全ての選択が肯定される環境をつくることを目指してきました。

奥地：シューレには、子どもたちが通ってくる場である「シューレ」と、ホームスクーリングをサポートする「ホームシューレ」があります。通学のシューレのほうは4月5月が休校状態でしたが、オンラインでいろいろな活動を続けてきました。TCSほど整っていたわけではありませんが、スマホを含めればほとんどの家庭がオンラインの活動に対応できていました。オンラインで遊んだり、また、講座や学習を続けたい場合には「何曜日の何時にはこれをやるので、オンラインで入ってきてね」という形で学習の場を提供したりしました。実行委員会などではミーティングが大事なのですが、それもオンラインで全く問題なくできましたね。

3月、子どもたちは「旅立ち祭」という卒業生を送るお祭りに力を入れて準備していたのですが、会場が貸してもらえなくなり延期することに。7月にようやく会場を借りられることになるのですがそれも中止になり、普段であればシューレ全体でやる旅立ち祭を、結局8月にスペース別に開催しました。「予定通りにできなくて残念」といった空気になりそうなものですが、変更に次ぐ変更でも、子どもたちの「やろう」という意志は変わりませんでした。「卒業生を送り出したい」「自分たちの気持ちを表したい」という強い熱意にあふれていて。そうした、普段見えない子どもたちの一面も見ることができました。

――コロナ禍により、子どもたちの新たな一面を知ることができたのですね。その他にも、今このような状況だからこそ見えたこと・わかったことなどはありましたか？

奥地：普段から家で過ごしている子たちにとっては、日本中がStay Homeなこと、つまりみんなが家で過ごしているという状況が、プレッシャーを和らげてくれたみたいです。こういう子どもたちは日頃「家にいていいんだ」と自分で言いつつも、「本当に学校に行かなくていいのだろうか」といった思いも抱えていたのでしょうね。でも、自粛期間中はそうしたプレッシャーがなくなって、家で生き生きと活動するようになった、という話を保護者の方から聞きました。

6月には多くの学校が休校を終え、分散登校などの策をとりながら部分的に学校での授業が再開しました。これまで家で過ごしていた子たちは、再び「学校に行かなくては」とプレッシャーを感じます。そうして6月以降少しずつ学校へ行こうとするものの、やはり大人数になると疲れてしまったり、緊張したり、嫌な空気を感じたりしてしまい、そのうち行かなくなる――こうした子どもたちは珍しくありません。

これまでは「学校に集まって学ぶのがいい」「不登校はダメ」と思われがちでした。でも、コロナ禍において、多くの人たちが実際に「登校しない」状況を体験することで、「こういう生き方・育ち方もありかな」という認識が共有されたのはよかったと思いますね。

――「登校しない」という選択を社会が認める方向になったのはよかったですよね。今後も、ホームスクーリングやオンラインでの学習などが加速すると思いますか?

奥地：オンラインは加速していくでしょうね。もともとコロナの前から、子ども一人に一台のタブレットを用意しようという国の動きはありました。学校がタブレット教材などのeラーニングツールを導入する際に、経産省が経済的支援を行ったりしていました。Withコロナになってからはオンライン体制の必要性が強まりましたし、オンライン学習が進んでいくことは良いことだと思います。ただ、オンラインが進む一方で、オフラインでのコミュニケーションの重要性を強く感じるようにもなったんじゃないでしょうか。今後はオンラインとオフラインのバランスが大事になってくると思います。

久保：僕も、奥地さんと同じように考えています。知識記憶型の学習や手軽なコミュニケーションはオンラインのほうが便利ですが、オフラインのほうが圧倒的にいいこともあります。摩擦も含めた人間関係、ソーシャルスキルにあたる部分や、さまざまな学習体験、また体を動かすという部分はオンラインよりオフラインのほうがはるかによいですよね。オンラインとオフラインそれぞれの特徴が見えてきたという感じです。

奥地：人とのかかわりや体験を五感で感じられる、雰囲気も一緒に感じられるのはオフラインの良さですね。今、スタッフミーティングもどんどんオンラインになっているのですが、オンラインばかりではこういう大切なところが薄れてくる気がします。これって大人にとっても必要なことですし、子どもにとってはより重要なこと。

多くのフリースクールでは「体験」を大事にしています。たとえば登山などのアウトドア体験を通して人間関係を学ぶことって、子どもたちが育っていくうえでとても大事な要素なんです。ですので、オンライン化が行き過ぎてしまうと弊害も起きてしまうかと。特に、自然を感じながら育っていく環境は昔よりも減っていますし。やはり、オンラインとオフラインそれぞれの特徴をうまく活かしていくことが大事だと思います。

久保：そこのバランスにおいて僕が問題だと思うのは、オフラインでやっている公立の学校が、オフラインのメリットを活かせていないこと。少なくとも、学習指導要領の日数や時間数に合わせて授業を詰め込んでいく、ということは本来オンラインでできることです。それをオフラインの環境に詰め込んで、学校をつまらなくするなんて意味がないですよね。子どもたちに強制するだけの教育は害だと思います。

奥地：「強制するだけの教育は害」というのは本当に賛成。強制した先に、子どもが生き生きと自分で考えるようになったり、充実感を覚えたりすることはありません。大人たちが強制すれば子どもたちは従うけれど、それは仕方なくやっているだけで「学び」ではないですから。家にいると時間割がなく、こなさなければならないものがありません。そういう中で、自分で考えたり、やりたいことをやったりしていくのも「学び」のうえで重要なことだと思います。

——今後、日本における教育、特に「多様な学び」はどのように変わっていくと思いますか？

奥地：今回のコロナは、日本の教育を変えていく一つのきっかけになったと思います。コロナによる打撃は大きく、今はマイナスにしか感じられないかもしれませんが、マイナスの出来事というのは、歴史的にも社会を大きく変える契機になってきました。

長い歴史を振り返ると、中世ヨーロッパでペストが流行った時は、膨大な人数が亡くなり地獄のようだったと思うんですよね。そんなペスト禍の後、労働力不足の状況において、イギリスはこれまでの農地経営のやり方を変えました。それが結果的に農業革命そして産業革命へとつながり、経済的自由度を高めていくことになったわけです。現在のコロナも大変な状況ではありますが、新しいものをつくるきっかけになるはずですし、今の時代において学校制度は変わらざるを得ない段階に来ていると思います。

久保：今全国には2万弱の小学校があり、国立私立合わせて約300校、それ以外の99％近くは公立というほぼワンプラットフォーム。子どもたちが集団で一斉に同じ授業を受けるという教育システムは、全ての子どもたちが貧富の差に関係なく、同程度の教育を全国一律で受けられるという点で、戦後の日本においては素晴らしい制度だったと思います。でも、柔軟性や多様性が求められている今の時代を考えると、明らかに制度疲労を起こしていますよね。

公立小学校からTCSに転校してくる子たちに公立小学校の話を聞くと、「今までそうしてきたから」「みんながそうだから」という理由にならない理由で、自分の行動や思考、自由を制限されることに対して、子どもたちが抵抗感や無力感を感じている、ということがわかります。そう感じることは正常であるにもかかわらず、それが普通でいられないという空気感が今の学校にはあります。公教育の中にも素晴らしい取り組みをしているところはあるし、熱意にあふれた先生もたくさんいらっしゃいますが、そうではないケースも少なくないということを認識しなければいけないと思います。

奥地：現に、不登校の子どもがこの一年間（平成29〜30年度）で2万人増えていますからね。これは、子どもたちが今の学校に対してもっと別のものを求めているということ。それに大人が気付かないといけません。

久保：文科省のデータによれば、平成30年度時点の不登校の小学生は4万5000人弱、中学生は12万弱もいます。また、同年度の日本財団の調査によると、不登校としてカウントされていないものの、不登校傾向の中学生は実際この3倍ほどいる、といわれています。単純計算でも、約36万人の中学生たちが学校に行きづらい状態なのです。小学生だって不登校傾向の人数を含めれば、学校に馴染んでいない子たちの数はもっと増えるわけです。これは彼らに問題があるのでしょうか？　これだけ大勢が学校に行きづらいと感じていて、不登校の数は毎年増えているのだから、問題なのは子どもたちではなく「制度」のほうにあると考えるべきですよね。

奥地：そうですね。不登校や不登校傾向の子たちは、自分の意志で不登校を望んでいるわけではありません。ほとんどの子は「学校に行かないといけない」と思っているけど、どうしても教室に入れないといった状態。でも長い間ずっと学校制度が「不登校は問題」「登校できるようにすべき」といった方針だったために、なかには1年以上も保健室登校、廊下登校、階段登校などをしてきた子がいます。本当に辛かったと思います。「子どものため」につくられた学校制度と現在の子どもたちの間にミスマッチが生じているんですよね。学校と距離をとっている子どもたちがいるのなら、制度のほうをつくり変えるべき。時代が変わればニーズも変わるものなのに、学校制度が変わらないのだから苦しい子どもたちが出てくるのも当然です。子どもたちは何を喜んでやるのか、何をハッピーだと感じるのか、何に意欲を感じるのか——子どもたちにたずねながら、今の子どもたちに合う制度をつくっていく必要があると思います。そうして多様な学びを選択できる社会にしていきたいですね。

——既存の学校制度にとらわれず、それぞれの子どもたちに合った学びを選択できる。そんな社会に向かっていく中で、保護者にはどんなことが求められると思いますか?

奥地：「学校は楽しいところ」だと思っている大人って多いんですよね。私自身も学校は好きなほうでした。でも、親御さん自身がどう育ったのかとは別に、「この子にとってどうか」という視点で考えるよう尽力してほしいです。そうやって子どもを一人の人間として尊重できていれば、学校が苦しいと言っている子に「無理してでも学校に行け」とは言えないと思うんですよね。

日本では「何丁目何番地に住んでいればあの学校」というように決まっていて、どの学校も決まった時間割で動いていて、自分で選べないことが普通でした。親御さんの中にも、もともと選べるものだと思っていなかった、一つのパターンしか知らずに育ってきた、という方が多いと思います。でも、今は選択していく時代。既成のものに合わせるのではなく、違ったやり方があることを知ったうえで「この子は何に興味関心があるのか」「どんな環境が合っているのか」を考えて、学ぶ場所を選択していってほしいです。

久保：全く同感です。親御さんには、子どもにとってふさわしい教育は「与えられるもの」ではなく、「自ら選ぶもの」であるという認識を持ってほしいです。「選ぶ」ということは、自由なだけでなく責任を伴いますが、それこそ民主主義そのもの。これからの時代は、それを普通に進めていくことが大切だと思います。

そして、保護者の皆さんには、子どもの選択を軽視しないようにしてほしいです。人は「選択を認めない」という環境に置かれると、だんだん自分で選択しなくなります。「いろんな意見を言ってね」と言っても、その意見を否定してばかりいれば「いろんな意見」は出なくなりますよね。選択する文化というものを、親も子どもも一緒になってつくっていくことが大事だと思います。

奥地：そうですね。親や教師の中には「子どもは未熟だから親が決めてあげないと失敗する」「親には責任があるのだからそれをしっかり果たさなければ」といった気持ちの強い方もいます。そういう方は「その子のためを思って」いるのですが、その結果子ども自身が尊重されなくなってしまうことがあります。子どもは空気を敏感に感じ取りますから、「親がそう言うならそれに合わせなきゃいけない」「合わせないのは悪い子だ」と思うようになったりするでしょう。そうすると、子どもが自由に生きること、自分を大事にすることが難しくなってしまう。

子どもが、学校制度を含め現在の社会のあらゆるシステムに合っていなかったとしても、「この子は世の中でうまくやっていけないのでは」と思う必要などないのです。子どもは今の社会の「先」の社会を生きていく存在です。大人からしたら無駄に感じることであっても、「それを熱中してやることで将来に向けて花開いていく」ということがいろいろな子どもに見られます。ある不登校の中学生はドローンに熱中し、お父さんやその仲間にくっついているうちに技術を覚え、いろいろな大会で優勝するに至りました。ドローンを通せば、自分が直に見られない風景も映像として見られるからと、映像の編集も覚えたそうです。学校の外であっても、子どもの周りに好きなことを応援してくれる環境があれば、このような素晴らしい学習をすることは十分可能なんです。子どもの権利条約にあるように、子どもを「主体性を持った一人の人間」として尊重することが大切。「社会のシステムを変える」だけでなく、社会に生きる私たちの一人ひとりがそういった人間観を培っていく必要があると思います。

――学びの場は自ら選ぶものだと認識すること、子どもを尊重することが大切なんですね。では「多様な学び」を広げていくうえで、今後の課題は何だと思われますか？

奥地：この数年間で「教育機会確保法」の制定や、2016年9月の国からの不登校に関する通知などがあって、「不登校は問題行動ではない」「学校復帰を前提としない」といった内容が学習指導要領にも掲載されました。ただ、問題はそれを知っている教育者がまだまだ少ないこと。学校でもこうした通知が校長先生止まりで、担任の先生は知らないといったところがあったりします。学校にももっと周知する必要があるし、保護者の皆さんにも教育の法律や仕組みが変わったことを知っていただきたいですね。親御さん同士でその辺りの話をもっと身近にしていけるといいと思います。

もう一つの課題はお金のこと。公教育の学校と違い、フリースクールには公的な経済支援がありません。最近は、コロナの影響で保護者が職を失うなどして、学費を払えないからやめないといけないかもしれない、といった問題も起きました。シューレでは、彼らがスクールに通い続けられるようにと学費の減額措置を講じたところ、トータルで月額70～80万円をシューレが負担することになりました。「多様な学び」にはお金がかかるということでは、選択することが難しくなりますから、経済面での公的支援はやはり必要だと感じています。

――「多様な学び」に関心のある方々にメッセージをお願いします。

奥地：社会は人がつくったものですから、変えることができます。時間はかかるかもしれませんが、実際に諸外国の動き、手を打っても打っても増えていく不登校などが背景にあって、「多様な学び」の実践をし始めた人が随分増えてきました。「社会は変えられるんだ」という気持ちを持って、何が子どもにとっていいのかを考えていきましょう。そして、そのために「つながり合っていく」ということも大事。一人だとできないことも、つながる力で実現していくことができます。ですから、「変えていくことができる」という希望を持って、公民が一緒になってやっていきましょう。

久保：現在私たちは、既存の学校の代替案として「多様な学び」の場を提唱していますが、十分な質と量があるとはまだ言えません。「自分たちが未来を変えていく一助になりたい」と考える人が、新たな学びの場をつくることをぜひ行動に移してほしいです。私たちは、「多様な学び」の場を広げるためにもっともっと仲間がほしいと思っています。

電話	メールアドレス	ウェブサイト
0142-83-2630		https://hokkaido-steiner.org/
0154-32-4080	sipuo.ds@gmail.com	https://www.facebook.com/sukusapo
011-743-1267	info@sapporo-jg.com	www.sapporo-jg.com/
080-5736-2442	komyusa.hidamari@gmail.com	https://komyusa-hidamari.jimdofree.com/
0193-65-8535	info@atori-gakuen.com	http://atori-gakuen.com/
019-613-2635	hikarinoko-2010@ezweb.ne.jp	https://mana-cata.jp/kotoiro/
0226-28-9181	space.tsunagi@gmail.com	https://space-tsunagi.com/
0228-25-4481	npomakiba@yahoo.co.jp	http://npomakiba.org/
0225-25-5286	office@npo-tedic.net	http://www.tedic.jp/
070-2436-8517	info@codopany.org	https://codopany.org/
090-3932-4088	tanoshiihutoko@gmail.com	https://www.facebook.com/hutokocafe/
090-6784-2294	akamvtr@gmail.com	https://akamvtr.wixsite.com/cocotera
090-8561-4267	osakiforchildren@gmail.com	https://osakiforchildren.wixsite.com/mysite
0229-25-7406	sashinkou70@gmail.com	https://www.facebook.com/nobuyuki.takahashi.733
080-5738-8767	tome.mayu.1970@outlook.jp	
0185-74-9306	info@flesc.jp	http://flesc.jp
0238-33-9137	share_love_future@yahoo.co.jp	http://www.with-yu.net/index.html
0242-93-7950	info@terakoyahoujyousha.com	http://www.terakoyahoujyousha.com/
0243-24-1518	https://www.adatara-aoisora.com/form.html	http://www.adatara-aoisora.com/index.html

スクールリスト（全国の多様な学びの場）

名前	対象	住所
学校法人 北海道シュタイナー学園いずみの学校	保育園、初等部〜高等部	〒049-5411 北海道虻田郡豊浦町字東雲町 83-2
スクールさぽーと ネットワーク	年齢制限なし	〒085-0047 北海道釧路市新川町 1-7 NPO 法人和（なごみ）シッポファーレ！内
NPO 法人 フリースクール札幌自由が丘学園	小学生〜中学生	〒060-0908 北海道札幌市東区北 8 条東 1-3-10
フリースクール あおもりサニーヒル	小学生（高学年）〜高校生	〒030-0901 青森県青森市港町 2-10-49-17
一般社団法人あとり技芸向上支援協会 フリースクール花鶏学苑	小学生〜中学生	〒027-0042 岩手県宮古市神田沢町 1-6
認定こども園ひかりの子 フリースクールこといろ	小学生〜 18 歳	〒028-3305 岩手県紫波郡紫波町日詰字下丸森 130
一般社団法人フリースペースつなぎ	6 歳〜 20 歳代	〒988-0183 宮城県気仙沼市赤岩泥ノ木 19-1
NPO 法人 まきばフリースクール	小学校〜高校生（年齢制限なし）	〒987-2183 宮城県栗原市高清水袖山 62-18
NPO 法人 TEDIC	小学生〜中学生	〒986-0825 宮城県石巻市穀町 1-24 駅前山田ビル 2 階
NPO 法人 こども∞（むげん）感ぱにー	小学生〜高校生	〒986-0042 宮城県石巻市鹿妻南 2-1-7
ふふふはうす by 不登校カフェ	年齢制限なし	〒983-0852 宮城県仙台市宮城野区榴岡 4-1-8 生涯学習支援センター和室ほか
フリースクール IN ごきげんサロン　こころのテラス	7 歳〜 20 歳	〒981-3109 宮城県仙台市泉区鶴が丘 3-18-17
一般社団法人 フリースペース道	小学生〜高校生	〒989-6436 宮城県大崎市岩出山字二ノ溝 52
Social Academy 寺子屋	小学生〜中学生	〒989-6321 宮城県大崎市三本木新沼字坪呂 33-2
ひびのくらしの家	小学生〜高校生	〒987-0901 宮城県登米市東和町米川字東上沢 191-4
フリースクール・フレスク	小学生〜中学生	〒016-0873 秋田県能代市長崎 91
NPO 法人 With 優	小学生〜 20 代	〒992-0075 山形県米沢市赤芝町字川添 1884
NPO 法人 寺子屋方丈舎	7 歳〜 21 歳	〒965-0871 福島県会津若松市栄町 2-14 レオクラブガーデンスクエア 5 階
フリースクール青い空	小学生・中学生・高校数学	〒964-0074 福島県二本松市岳温泉 2-20-11

電話	メールアドレス	ウェブサイト
024-529-5184	info@beans-fukushima.or.jp	http://fs.beans-fukushima.or.jp/
029-874-8351	kodomono.sonora @ gmail.com	https://kodomonosonora.amebaownd.com/
0285-35-6565	orutaoyama@gmail.com	https://orutaoyama.amebaownd.com/
080-1853-6296	info@npo-keydesign.org	https://www.npo-keydesign.org/
080-5477-1438	tunagaru.hiroba@gmail.com	https://ameblo.jp/tunagaruhiiroba/
090-3227-7009	info@nantonakuno.net	http://www.nantonakuno.net
080-1073-2269 (渡邉)	kazaguruma1023@gmail.com	
0282-23-2290	3ishi3@cc9.ne.jp	
0489-70-8881 090-9374-9943	k-largo@k-largo.org	http://k-largo.org/
	futuredesign15@gmail.com	https://www.tayounamanabi.com/
048-776-9546 (変更予定)	saitama.amuse@gmail.com	https://www.facebook.com/demoschoolsaitama/
047-383-9977	info@nponemo.net	http://nponemo.net/
047-411-5159	info@nponemo.net	http://nponemo.net/
	chikyunoie.2013@gmail.com	http://ameblo.jp/chikyunoie/
043-241-0170	ru2a-frym@asahi-net.or.jp	http://www.asahi-net.or.jp/˜ru2a-frym/
090-4133-8002	pioneronomori @ gmail.com	https://www.pioneronomori.com/
090-1837-2385	e-take@mqb.biglobe.ne.jp	https://chiba-yachu.com/
043-290-1118	freeschool.colabo@gmail.com	https://freeschool-co-labo.com/
090-4941-9329	thanks_again.1012@ezweb.ne.jp	https://chiba-morinogakkou.themedia.jp/
	green575.kazu28taka19chika12@gmail.com	

名前	対象	住所
NPO 法人 ビーンズふくしま	小学生～20 歳	〒 960-8066 福島県福島市矢剣町 22-5 2 階
フリースクール こどもの SONORA	小学生～中学生 （未就学児・高校生も可）	〒 300-1211 茨城県牛久市柏田町 1030
小山フリースクール おるたの家	10 歳～20 歳 （それ以外も応相談）	〒 323-0807 栃木県小山市城東 2-2-4
フリースクールミズタマリ	小学生～中学生	〒 321-0943 栃木県宇都宮市峰町 299
デモクラティックスクール つながるひろば	6 歳～18 歳	栃木県栃木市（移転検討中）
ＮＰＯ法人 なんとなくのにわ	小学生～中学生 （若者の居場所は 年齢制限なし）	〒 321-1262 栃木県日光市平ケ崎 522
特定非営利活動法人　風車 フリースペース風の家	20 歳まで	〒 329-2162 栃木県矢板市末広町 19-12
栃木自主夜間中学	小学生～大人	〒 328-0054 栃木県栃木市平井町 980-9
NPO 法人 越谷らるご フリースクールりんごの木	6 歳～20 歳	〒 343-0042 埼玉県越谷市千間台東 1-2-1 白石ビル 2 階
多様な学びプロジェクト（FUTURE DESIGN）	主に小中学生と保護者、支援者	埼玉県さいたま市、川崎市、オンライン
デモクラティックスクール さいたま あみゅーず	4 歳～18 歳（応相談）	〒 331-0057 埼玉県さいたま市西区中野林 799-4
フリースクールネモ市川	小学 1 年生～	〒 272-0035 千葉県市川市新田 5-5-15
フリースクールネモ習志野	小学 1 年生～	〒 275-0012 千葉県習志野市本大久保 3-8-14-401
共育ステーション 地球の家	満 5 歳児～中学 3 年生	〒 270-2261 千葉県松戸市常盤平 5-27-3-304 熊谷方（事務局）
古山教育研究所	なし	〒 260-0034 千葉県千葉市中央区汐見丘町 14-5
ぴおねろの森	小学生～中学生 （高校生年齢の ボランティアも募集）	千葉県印西市牧の原
ちば夜間中学をつくる会	学びたい気持ちがある方はどなたでも	〒 262-0033 千葉県千葉市花見川区幕張本郷 3-3-8 竹内方
フリースクール Co-Labo	小学 3 年生～中学 3 年生	〒 264-0032 千葉県千葉市若葉区みつわ台 2-5-15 アルファプラザ 1 階
ちば森の楽校	幼児～小・中学生	〒 261-0011 千葉県千葉市美浜区真砂 4-3-2-308
教育と福祉のサポートセンター ヴァーンフリート荘	子ども・若者・家族	千葉県東葛飾地区

電話	メールアドレス	ウェブサイト
04-7146-3501	yuubinet@jcom.home.ne.jp	http://www.yuubi.org/index.html
04-7199-7141	nagareyama@shure.or.jp	https://www.shure.or.jp/nagareyama/
03-5678-8171	info@shuregakuen.ed.jp	http://www.shuregakuen.ed.jp/
080-2559-7819	fureai.school.ichida@gmail.com	https://ameblo.jp/fureai-school-ichida/
0422-47-8706	cosmo@npobunka.net	https://www.npobunka.net/fs-cosmo/index.html
03-6435-5068	info@iflab.education	https://iflab.education/
03-6427-3450	info@inter-highschool.ne.jp	https://www.inter-highschool.ne.jp/
	kochakkoi@gmail.com	https://kochakkoi.jimdo.com/
080-2168-7377	motoyoko@silk.ocn.ne.jp	http://www.freespace-shinjuku.com/
03-3397-0521	liby@tokyoymca.org	http://tokyo.ymca.or.jp/liby/index.html
03-5300-5581	h-openspace@be-here.org	http://be-here.org/
03-3327-7142 090-3905-8124 (タカハシ)	fsbttoru@yahoo.co.jp	https://www.facebook.com/npo.bokunchi/
03-5629-3790	fs-info@tokyomirai.ac.jp	http://www.freeschool.tokyomirai.ac.jp/
03-3721-6451	info@gracestudy.com	https://gracestudy.com/freeschool/
03-5244-9990	info@kidsdoor.net	https://kidsdoor.net/
03-5989-1869	school@tokyocs.org	http://tokyocs.org/
042-689-4134	sakuranbogakuen@gmail.com	http://sakuranbogakuen.com/net/
03-3327-7142	kubosan125@yahoo.co.jp	http://www.asahi-net.or.jp/~bx9m-kb/home

名前	対象	住所
NPO 法人フリースクール ゆうび小さな学園	5 歳～ 30 代	〒 277-0863 千葉県柏市豊四季 360-2
東京シューレ流山	6 歳～ 21 歳　および そのご家族	〒 270-0121 千葉県流山市西初石 3-103-5, II-401
東京シューレ学園 東京シューレ葛飾中学校	中学生	〒 124-0024 東京都葛飾区新小岩 3-25-1
ふれあいスクール 一朶（いちだ）	満 5 歳～中学生	〒 125-0033 東京都葛飾区東水元 1-5-2
NPO 法人 文化学習協同ネットワーク フリースペースコスモ	小学生～中学生（高校生応相談）	〒 181-0013 東京都三鷹市下連雀 1-14-3
フリースクール IF ラボ （イフラボ）	小学生	〒 151-0073 東京都渋谷区笹塚 2-46-1
東京インターハイスクール	中学生～高校生	〒 150-0002 東京都渋谷区渋谷 1-23-18 ワールドイーストビル 4 階
こちゃっこい	小学生	〒 184-0011 東京都小金井市東町 1-45-6
フリースペースしんじゅく	小学生～高校生（応相談）	〒 161-0031 東京都新宿区西落合 3
東京 YMCA “liby”	10 代から 20 代の子ども・若者たちが中心	〒 167-0042 東京都杉並区西荻北 1-15-5
人の泉 オープンスペース”Be！”	青年層以上	〒 156-0044 東京都世田谷区赤堤 1-15-13
NPO 法人 フリースクール僕んち	主に 6 歳～ 20 代	〒 155-0033 東京都世田谷区代田 4-32-17 サンハイツ B
学校法人三幸学園 東京未来大学 みらいフリースクール	小学 4 年生～中学 3 年生	〒 120-0005 東京都足立区綾瀬 2-30-6-4 階
グレイススタディケア フリースクール	小学生～高校生	〒 145-0071 東京都大田区田園調布 1-12-7 グリーンヒルズ田園調布 B03
NPO 法人キッズドア	要お問合せ	〒 104-0033 東京都中央区新川 1-28-33 Glanffice 茅場町ビル 2 階
NPO 法人 東京コミュニティスクール	幼児（3 ～ 5 歳児）・小学生	〒 164-0001 東京都中野区中野 1-62-10
デモクラティックスクール さくらんぼ学園	概ね 4 歳～ 19 歳	〒 192-0372 東京都八王子市別所
フリースクール@なります	小学生～高校生の年齢で、現在不登校の状態にある方	〒 175-0094 東京都板橋区成増 4-31-11 （成増幼稚園裏手）

電話	メールアドレス	ウェブサイト
042-319-0408	freeschooltamagawa@vesta.ocn.ne.jp	https://huritama.wixsite.com/huritama
03-3988-4050	info@jfreinet.com	http://www.jfreinet.com
03-5993-3135	info@shure.or.jp	http://www.shure.or.jp/
03-5916-7166	heros-kitaakabane@outlook.com	https://nandemoiiyo.com/
042-523-7112 （小中学部・高等部） 042-595-7103 （幼児部） 042-512-9461 （保育園）	info@tokyokenji-steiner	https://www.tokyokenji-steiner.jp/
03-3909-0046	home@shure.or.jp	http://www.homeshure.jp
03-5879-3157	edogawa@shuregakuen.ed.jp	https://edogawa.shuregakuen.ed.jp/
03-5155-9803	info@shure.or.jp	https://www.shure.or.jp/
03-6424-8311	info@shure.or.jp	https://www.shure.or.jp/
03-5993-3135	info@shure.or.jp	https://www.shure.or.jp/
045-922-3107	gakuen-info@yokohama-steiner.jp	https://yokohama-steiner.jp/
070-5550-8639	mail@kokodane.org	https://kokodane.org/
044-833-7562 （法人事務所） 044-850-2055 （活動拠点）	freespace@tamariba.org	http://www.tamariba.org/
042-686-6011		https://www.steiner.ed.jp/
0467-37-9282	info@shonan-sudbury.org	http://shonan-sudbury.org/
080-8471-6068	playful.base@gmail.com	https://himitsukichi-school.com/
0250-25-7353	mail@pandt.or.jp	http://www.pandt.or.jp/
0258-32-1900	info@aoi-school.com	http://www.medical-heart.com/aoitop.html

名前	対象	住所
NPO 法人 フリースクール多摩川	小学生～高校生	〒 183-0055 東京都府中市府中町 2-18-17
フレネ自由教育 フリースクールジャパンフレネ	小学生～中学生	〒 171-0032 東京都豊島区雑司が谷 1-7-2 雑司が谷ビル 202 号
NPO 法人 東京シューレ	小学 1 年生～ 23 歳まで（入会は 20 歳まで）	〒 114-0021 東京都北区岸町 1-9-19 コーエービル
フリースクール×子ども食堂「なんでもいいよ」	小学 4 年生～中学 3 年生	〒 115-0051 東京都北区浮間 3-1-40 2F ヒーローズ内
NPO 法人東京賢治の学校 東京賢治シュタイナー学校	0 歳～ 18 歳	〒 190-0023 東京都立川市柴崎町 6-20-37 （小中学部・高等部） 〒 190-0023 東京都立川市柴崎町 2-22-13(幼児部) 〒 190-0023　東京都立川市柴崎町 6-19-32（保育園）
ホームシューレ	小学生～ 20 歳	〒 124-0012 東京都葛飾区立石 1-21-1 東風ビル 4 階
東京シューレ江戸川小学校	小学生	〒 133-0057 東京都江戸川区西小岩 2-4-1
フリースクール 東京シューレ新宿	小学生～ 20 歳	〒 162-0056 東京都新宿区若松町 28-27
フリースクール 東京シューレ大田	小学生～ 20 歳	〒 144-0055 東京都大田区仲六郷 2-7-11
フリースクール 東京シューレ王子	小学生～ 20 歳	〒 114-0021 東京都北区岸町 1-9-19
特定非営利活動法人 横浜シュタイナー学園	初等部～中等部	〒 226-0016 神奈川県横浜市緑区霧が丘 3-1-20
NPO 法人 ここだね	小学生～中学生	〒 249-0008 神奈川県逗子市小坪 2-11-19
認定 NPO 法人 フリースペースたまりば	小学校 1 年生～ （高校年齢以上も可）	〒 213-0022 神奈川県川崎市高津区千年 435-10 （法人事務所） 〒 213-0033 神奈川県川崎市高津区下作延 5-30-1 川崎市子ども夢パーク内フリースペースえん （活動拠点）
学校法人シュタイナー学園 （初等部・中等部・高等部）	保育園、 初等部～高等部	〒 252-0187 神奈川県相模原市緑区名倉 2805-1
一般社団法人 湘南サドベリースクール	4 ～ 18 歳	神奈川県茅ヶ崎市（スクール来訪者のみに公表）
ヒミツキチ森学園	小学生	〒 240-0111 神奈川県三浦郡葉山町一色 624-2
フリースクール P&T 新潟校	小学 5 年生以下	〒 956-0114 新潟県新潟市秋葉区天ヶ沢神田 253
一般社団法人 葵学園	小学生～高校生	〒 940-0062 新潟県長岡市大手通 1-4-12 都屋ビル 2.3 階

電話	メールアドレス	ウェブサイト
0766-75-3885	http://heartopia21.webcrow.jp/contact/index.html	http://heartopia21.webcrow.jp/
076-254-5032	info@irori.lyhty.or.jp	https://www.irori.lyhty.or.jp/
076-213-5888	restakanazawa@gmail.com	https://restarkanazawa.wixsite.com/resta
090-6270-9691	onoderarei0813@gmail.com	https://www.fukuis.jp/
0776-25-3261	ugg37876@nifty.com	http://willbe-hs.com//
090-4024-2955（代表 西岡）	hinatabokko-09@docomo.ne.jp	http://hinatabokko78.jimdo.com/
070-5080-8931	flatnetasoviva@gmail.com	https://r.goope.jp/kataha
0266-58-5678	supportplan-suwa@crocus.ocn.ne.jp	http://supportsuwa.jp/
026-405-2095	oyakojuku@dream.jp	https://shigotoya-manabiya.wixsite.com/oyakojuku
053-422-5203	dreamfield.staff@gmail.com	https://dreamfield.hamazo.tv/
0564-21-0923	school_asante@yahoo.co.jp	http://free-school-asante.jimdo.com/
052-718-1247	mori@happylabo.jp	http://airannjp.wixsite.com/happylab
052-452-1136	info@f-kokorotomanabi.com	http://www.f-kokorotomanabi.com/
0586-75-5338	manje@hotmail.co.jp	https://manje.jimdofree.com/
0564-77-3195	info@mikawasudbury.com	http://www.mikawasudbury.com/
0561-76-3713		http://aichi-steiner.org/
059-213-1115	npo@mienoko.com	http://www.mienoko.com/
	chitose.ssw@gmail.com	https://www.chitose-kameoka.com/

名前	対象	住所
NPO 法人はぁとぴあ 21 フリースクールフレンズ	小学生〜高校生	〒 939-0341 富山県射水市三ケ 2467-2 階
LYHTYschool-IRORI- (りゅふとすくーる いろり)	小学生〜高校生 (応相談)	〒 920-0816 石川県金沢市山の上町 26-52
フリースクールリスタ金沢	6 歳〜 20 歳	〒 920-0831 石川県金沢市東山 3-31-19
福井スコーレ	小学生から 20 歳	〒 910-3604 福井県福井市グリーンハイツ 8-171
フリースクールウィル・ビー／ WILLBE 高等学院	15 歳〜 21 歳	〒 910-0006 福井県福井市中央 3-1-3 太田屋ビル
不登校の子ども達の居場所「ひなたぼっこ」	年齢制限なし	〒 408-0025 山梨県北杜市長坂町長坂下条 1237-3 日野春學舎 2 階 (旧日野春小学校内)
かたは塾 (旧：フリースクール asoviva)	小学生〜高校生	〒 390-0807 長野県松本市城東 2-5-7
NPO 法人 子どもサポートチームすわ	小学生〜高校生	〒 392-0015 長野県諏訪市中洲上金子 2843
一般社団法人 信州親子塾	年齢制限なし	〒 381-0038 長野県長野市大字東和田 714-8 光ビル 2 階
ドリーム・フィールド	小学生〜 20 代	〒 435-0013 静岡県浜松市東区天竜川町 201
フリースクール　アサンテ	6 歳 (小 学 1 年 生) 〜 22 歳	〒 444-0011 愛知県岡崎市欠町三田田北通 21-22
フリースクールたんぽぽ (NPO 法人ハッピーラボ)	5 歳くらい〜 中学 3 年生	〒 460-0024 愛知県名古屋市中区正木 4-2-30 第 3 フクマルビル 2A 号室
NPO 法人こころとまなび どっとこむ	中学生	〒 453-0015 愛知県名古屋市中村区椿町 12-7
一般社団法人デモクラティックスクールまんじぇ	入学時に 5 歳〜 18 歳　＊ただし入学時に 15 歳まで	愛知県一宮市
一般社団法人三河サドベリースクール・シードーム	入学時に 4 歳〜 18 歳くらい (応相談)	〒 444-0077 愛知県岡崎市井田町茨坪 34-5
認定特定非営利活動法人 愛知シュタイナー学園	初等部〜高等部	〒 470-0115 愛知県日進市折戸町笠寺山 42-13
NPO 法人 フリースクール三重シューレ	小学生〜 20 歳前後	〒 514-0006 三重県津市広明町 328 津ビル
一般社団法人　育ちとつながりの家ちとせ (旧根っこの学校　そらまめ)	幼児〜高校生	〒 621-0814 京都府亀岡市三宅町 65

電話	メールアドレス	ウェブサイト
0771-29-5588	http://free.manabinomori.co.jp/contact/	http://free.manabinomori.co.jp/
0774-64-3158	info@ktsg.jp	https://ktsg.jp/
0774-76-0129	info@yumekaido-kodomokan.org	http://www.yumekaido-kodomokan.org/
072-668-6440	https://www.halife.me/contact	https://www.halife.me/
06-6382-5514	npokoko5514@gmail.com	http://npokoko.org/
06-7181-5549	lavenir.since2010@gmail.com	http://www.lavenir-2010.sakura.ne.jp/
06-6881-0803	fs-minamo@nifty.com	http://fs-minamo.org/
072-735-7676	kodomomori@nifty.com	http://kodomono-mori.com/
079-447-9508	kishi-roney@hotmail.co.jp	http://npo-imagine.com/
078-706-6186	forlife@hi-net.zaq.ne.jp	http://fsforlife.sakura.ne.jp/
078-360-0016	tokasya@hotmail.com	http://www.freeschool.jp/kfs/
078-855-2612	http://nigunojuku.jp/contact/	http://nigunojuku.jp/
050-3733-2278	fs-seika@seika-edu.jp	http://wesc.or.jp/fs/
078-436-8575	info@l-net.com	http://www.l-net.com/
078-584-1224	edge-info@l-net.com	https://note.com/learnnet_edge
0790-26-1129	makkuro02@yahoo.co.jp	http://makkuro20.jp/
0798-70-0777	staff@nishinomiya-sud.com	http://www.nishinomiya-sud.com/
0858-71-0033	morino@marutanbou.org	http://marutanbou.org/
0858-71-0831	shindensudbury@gmail.com	http://shindensudbury.org/
082-516-7011	contact@peer-hiroshima.com	http://peer-hiroshima.com/

名前	対象	住所
学びの森フリースクール (旧:アウラ学びの森知誠館)	小学 4 年生～中学 3 年生	〒 621-0846 京都府亀岡市南つつじヶ丘大葉台 2-44-9
特定非営利活動法人 京田辺シュタイナー学校	初等部～高等部	〒 610-0332 京都府京田辺市興戸南鉾立 94
NPO 法人　夢街道国際交流子ども館	小学 4 年生～高校生	〒 619-1152 京都府木津川市加茂町里新戸 114
フリースクールはらいふ	10 歳～ 19 歳の方	〒 569-1051 大阪府高槻市原 91-13
特定非営利活動法人ここ	6 歳～ 18 歳	〒 564-0032 大阪府吹田市内本町 1-19-7
フリースクール「ラヴニール」	4/2 時点で 6 歳～ 17 歳	〒 545-0011 大阪府大阪市阿倍野区昭和町 2-7-2
NPO 法人 フリースクールみなも	6 歳～ 18 歳 (卒業 20 歳)	〒 530-0044 大阪府大阪市北区東天満 1-4-3
NPO 法人 箕面子どもの森学園	小学生～中学生	〒 562-0032 大阪府箕面市小野原西 6-15-31
不登校支援 NPO いまじん	小学生～高校生	〒 656-0825 兵庫県高砂市阿弥陀町北池 23-11
フリースクール For Life	フリースクールは 11 歳 (小学 5 年生) から 17 歳 (高校生) ＊ 20 歳まで在籍可	〒 655-0022 兵庫県神戸市垂水区瑞穂通 7-2
神戸フリースクール	小学生～高校生	〒 650-0012 兵庫県神戸市中央区北長狭通 7-3-11
特定非営利活動法人 二求の塾	小学生～大学生	〒 658-0047 兵庫県神戸市東灘区御影 2-5-10
京阪神のフリースクール セイカ学園中等部	中学生	〒 670-0936 兵庫県姫路市古二階町 80
ラーンネット・ グローバルスクール	3 歳～ 6 歳、小学生	〒 658-0072 兵庫県神戸市東灘区岡本 2-8-14
ラーンネット・エッジ	小学 5 年生～ (募集対象は中学 2 年生まで)	〒 657-0059 兵庫県神戸市灘区篠原南町 6-1-10 グランビア灘 20A 号
一般社団法人デモクラティックスクールまっくろくろすけ	4 歳～ 19 歳 (入学時)	〒 679-2324 兵庫県神崎郡市川町坂戸 592
西宮サドベリースクール	4 歳～ 19 歳	〒 662-0837 兵庫県西宮市広田町 2-15
智頭町 森のようちえん まるたんぼう	3 歳～ 5 歳	〒 689-1442 鳥取県八頭郡智頭町大屋 407
新田サドベリースクール	6 歳～ 22 歳	〒 689-1426 鳥取県八頭郡智頭町大字西谷 627
スクールピア	中学生～高校生	〒 736-0061 広島県安芸郡海田町上市 7-28

電話	メールアドレス	ウェブサイト
082-831-6888	hotspace@hullpong.jp	http://www.hullpong.jp/
0829-20-4547	info@kinonekko.info	https://kinonekko.info/
0848-38-7681	info@yggdrasil.jp	http://www.yggdrasil.jp/
083-255-1026	nest-free@polka.ocn.ne.jp	http://www.nest-fs.sakura.ne.jp/
083-928-6339	npodeauc@yahoo.co.jp	http://auc.daa.jp/fs/
090-7623-6496	free-school@human-harbor.jp	http://human-harbor.jp/
090-6194-3360	doi.ns.taisuke@gmail.com	https://doi-ns.com/
092-643-8615	info@esperanzahp.jp	http://www.esperanzahp.jp/
090-6194-3360	doinatureschool@gmail.com	
	contact@fukuoka-steiner.org	https://fukuoka-steiner.org/
080-4310-3277	hotcake06@hotmail.co.jp	https://oyanokaihotcake.jimdofree.com/
095-844-8899	craneharbor@har.bbiq.jp	https://craneharbor.info/
080-4286-2999 (代表：加藤)	freeschoolterrakoya@gmail.com	http://terakko.org/
096-237-7651	info@eaoschool.com	http://eaoschool.com/
080-8568-2448 (曽根) 090-9810-4292 (林)	nijinorizumu.miyazaki@gmail.com	https://nijinorizumu-miyazaki.jimdofree.com/
098-836-9011	sango@nirai.ne.jp	http://www.sangosya.com/frame.htm
	info@altjp.net	http://altjp.net/
090-6194-3360	r.takafuji@gmail.com	

名前	対象	住所
NPO 法人　コミュニティーリーダーひゅーるぽん ほっとスペースじゃんけんぽん	3 歳～ 18 歳	〒 731-0102 広島県広島市安佐南区川内 6-28-15
NPO 法人 フリースクール木のねっこ	フリースクールで過ごしたいこども・親子（小中学生・中卒以上）	〒 738-0026 広島県廿日市市上平良 233-2
株式会社ユグドラシル フリースクールアーク	小学校低学年～高校生	〒 722-0023 広島県尾道市東則末町 2-15
NPO 法人 Nest（ネスト）	小・中学生～	〒 751-0832 山口県下関市生野町 2-27-7-4 階
NPO 法人 フリースクール AUC	小学校高学年～	〒 753-0021 山口県山口市桜畠 4-3-21
フリースクール 「ヒューマン・ハーバー」	6 歳～ 18 歳	〒 761-8064 香川県高松市上之町 3-3-7
土居自然学校	年齢制限なし	〒 824-0431 福岡県田川郡赤村赤 4389-3
NPO 法人　箱崎自由学舎 ESPERANZA	小学 4 年生～ 20 歳前後	〒 812-0053 福岡県福岡市東区箱崎 3-18-8
フリースクール SORA	年齢制限なし	〒 824-0431 福岡県田川郡赤村赤 4389-3
福岡シュタイナー学園 （特定非営利活動法人）	保育園、初等部～中等部	〒 815-0075 福岡県福岡市南区長丘 3-10-29
子どもの居場所 ハッピービバーク	小学生～	〒 840-0831 佐賀県佐賀市松原 22-2-27 佐賀バルーンミュージアム 3 階
NPO 法人　フリースクール クレイン・ハーバー	小学生～ 19 歳まで	〒 852-8145 長崎県長崎市昭和 3-387-1
NPO 法人 フリースクール地球子屋	7 歳～ 20 代	〒 860-0854 熊本県熊本市中央区東子飼町 3-5 「天粧内」
eao チャイルズコミュニケーションスクール	2 歳～小学 6 年生	〒 860-0834 熊本県熊本市南区江越 1-24-21
宮崎デモクラティックスクール　にじのりずむ	5 歳～ 19 歳	宮崎県宮崎市佐土原町（スクール来訪者のみに公表）
NPO 法人　珊瑚舎スコーレ	10 歳～高校生	〒 900-0022 沖縄県那覇市樋川 1-28-1 知念ビル 3 階
多様な教育を推進するためのネットワーク（おるたネット）		
九州ホームスクーリングネット		

東京都フリースクール等ネットワークの活動にご賛同いただき
ご支援くださった以下の皆様に御礼申し上げます（順不同）。

あおい えりか 様
阿部 理恵 様
井上 俊宏 様
巖 真樹子 様
大澤 真知子 様
岡本 佳美 様
奥地 圭子 様
神城 弥生 様
川崎 知子 様
川本 敦 様
菊井 智裕 様
木村 砂織 様
久保 みゆき 様
公立校長との交渉経験者 様
五木田 洋平 様
小林 美晴 様
齋藤 慈広 様
堺谷 武志 様
佐々木 麻記子 様
佐野 真 様
澤田 幸子 様
柴崎 久幸 様
柴田 寛文 様
シロー 様
須子 はるか 様
炭谷 俊樹 様
そら 様
竹内 真弓 様
武田 緑 様
立山 剛 様
多様な学びのカタログサイト マナカタ 様
team 杉本 様
照井 潤 様
東京インターハイスクール後援会 様
東京英語會 様
利根川 裕太 様
冨田 香里 様
Adam Towpik 様
中西 佳代子 様
中村 国生 様
二村 典子 様
畑野 いづみ 様
畑野 祐輝 様
比嘉 佐和子 様
藤本 啓子 様
Funabashi International School 様
ふれあいスクール 一朶
【葛飾区】 あべさや 様
松尾 和俊 様
松村 勇一郎 様
水島 達也 様
村野 智浩 様
森田 絹枝 様
森田 悠基 様
森 博樹 様
谷田部 丈夫 様
湯浅 大資 様
Yoko Shimizu 様

参考文献

『明るい不登校 創造性は「学校」外でひらく』（奥地 圭子著・NHK出版新書）
『フリースクールが教育を変える』（奥地 圭子著・東京シューレ出版）
『教育機会確保法の誕生 子どもが安心して学び育つ』（フリースクール全国ネットワーク・多様な学び保障法を実現する会編集・東京シューレ出版）
『小中高・不登校生の居場所探し 2020-2021 年版 (全国フリースクールガイド)』（学びリンク）

学びを選ぶ時代
～子どもが個性を輝かせるために親ができること～

2020年11月1日　初版第1刷発行

著者　東京都フリースクール等ネットワーク

[制作]
編集　谷口 恵子
編集協力　遠藤 なつみ　玉村 優香　神城 弥生　森竹 貫人
大橋 史信　落合 礼子　渋谷 真弓　伊藤 寛子
中村 未希　古川 典子　大杉 一真　大杉 槙
佐々木 真理子
DTP　小河 碧峰
表紙・ブックデザイン　藤原 夕貴
イラスト　かおるこ
印刷・製本　中央精版印刷株式会社

[発行情報]
発行人　谷口　一真
発行所　プチ・レトル株式会社
115-0044 東京都北区赤羽南2-6-6
スカイブリッジビル地下1階
TEL:03-4291-3077　FAX:03-4496-4128
Mail:book@petite-lettre.com
http://petite-lettre.com

petite lettre プチ・レトル

ISBN 978-4-907278-75-5